民族教育信息化教育部重点实验室
云南省哲学社会科学"云南民族教育与边疆发展"研究创新团队
云南省高校民族教育与文化数字化支撑技术工程研究中心
国家自然科学基金项目（61462097）
教育部人文社会科学研究项目（12YJCZH053）
云南省科技发展战略与政策研究项目（2014RD029）

民族教育信息化文丛

Introduction to
National Education Informatization

民族教育信息化概论

徐天伟　伊继东　梅英　等◎著

科学出版社
北　京

内 容 简 介

　　教育信息化是推进教育改革与发展的重要手段与途径。民族教育信息化作为教育信息化的重要组成部分，其研究需要在综合教育学、民族学和信息科学等研究成果的基础上，结合我国民族教育的特殊性和现实性进行。

　　本书以"民族教育信息化概论"为题，综合多学科知识，结合田野考察的结果，论述了我国民族教育借助信息技术实现跨越式发展的可行性。全书共八章，从辨析民族教育信息化问题所涉及的关键概念入手，客观审视了民族教育信息化发展现状；立足发展现实研究了民族教育信息化资源建设、环境构建、人才培养三个关键问题，并对云南民族教育信息化案例进行了实证解读；综合现有成果及其发展趋势，展望了民族教育信息化研究未来。本书所探讨的民族教育信息化问题有一定综合性、创新性和实用性，可为我国民族教育跨越式发展提供借鉴和参考。

　　本书适合从事教育信息化、民族教育等人士参考。

图书在版编目(CIP)数据

民族教育信息化概论 / 徐天伟等著 . —北京：科学出版社，2017.5

（民族教育信息化文丛）

ISBN 978-7-03-052615-1

Ⅰ. ①民… Ⅱ. ①徐… Ⅲ. ①信息技术－应用－少数民族教育－研究－中国 Ⅳ. ①G759.2-39

中国版本图书馆 CIP 数据核字（2017）第 086908 号

责任编辑：朱丽娜／责任校对：刘亚琦
责任印制：张欣秀／封面设计：楠竹文化

编辑部电话：010-64033934
E-mail：psy-edu@mail.sciencep.com

科学出版社 出版
北京东黄城根北街 16 号
邮政编码：100717
http://www.sciencep.com

北京京华虎彩印刷有限公司 印刷
科学出版社发行　各地新华书店经销

*

2017 年 5 月第 一 版　开本：720×1000　B5
2017 年 5 月第一次印刷　印张：12 1/2
字数：184 000

定价：88.00 元
（如有印装质量问题，我社负责调换）

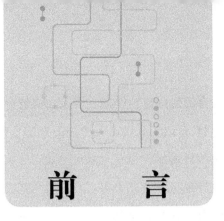

前　言

PREFACE

国务院于 2010 年 7 月颁布了《国家中长期教育改革和发展规划纲要(2010—2020 年)》(简称《纲要》),明确了未来 10 年我国教育发展的目标和任务。其中,有两个内容尤其值得关注。其一,教育信息化。《纲要》将"加快教育信息化进程"作为我国未来 10 年教育发展的六大保障措施之一专章独列,并明确提出:"教育信息化是推进教育改革与发展的战略制高点,信息技术对教育发展具有革命性影响,必须予以高度重视。"其二,民族教育。《纲要》中"民族教育"部分强调并指出,加快民族教育事业发展,推动少数民族和民族地区经济社会发展,促进各民族共同团结奋斗、共同繁荣发展,具有重大而深远的意义。2012 年 2 月 6 日,教育部又发布了关于开展教育信息化试点工作的通知,明确要全面贯彻落实《纲要》并提出了"加快教育信息化进程"的相关政策要求:①根据基础教育、职业教育、高等教育和成人教育的不同特点和需求,因地制宜地选择试点地区;②通过信息技术在教育教学、教育管理和教学服务等方面的创新性应用,充分发挥教育信息化在解决各级各类教育实际问题中的作用。

综合解读《纲要》中的"民族教育"部分及"教育信息化"部分的内容,可以看出:未来 10 年,教育信息化将成为我国教育(包括民族教育)的主要任务。民族教育作为现代教育的重要组成部分,其未来的教育信息化发展将与世界、全国的发展保持同步。然而,基于现有基础,如何实现跨越式发展是首要问题。着眼于现实,我国民族教育信息化未来 10 年里的工作必将着力于如下四个方面。

第一，加快民族教育信息化基础设施建设。加快教育信息化基础设施建设，是未来10年国家中长期教育改革和发展中加快教育信息化进程的首要任务。建设先进、实用的数字化教育基础设施是加快民族教育信息化的基础条件，必将提上议事日程。加快民族地区教育信息基础设施建设主要包括两个方面：①构建先进、高效、实用的数字化教育基础设施。数字化教育基础设施建设首先应该考虑它的实用性。此处的实用性是指根据不同地域、不同层次、不同类别的学校去构建与当地应用条件相适应的基础设施。有的数字化教学设施对大学、中学、小学和民族性学校都适用，但有些设施在大学适用，在小学就可能会造成浪费。所以，在今后建构民族地区数字化教育、教学设施建设过程中，不仅要考虑先进，更应考虑在教学过程中的高效性与实用性。②加快形成覆盖民族地区城乡各级、各类学校的教育信息化体系。此体系包括人的思想观念的更新与转变，教学内容、教学手段和方法的改进，最终使少数民族地区教育的信息化与社会信息化完全融合，使教育信息化真正成为提高教学效率、教学效益和教学效果的思想体系、方法体系和工作体系等。①

第二，加强民族教育资源开发。新技术的教育应用必须要以丰富的软件资源作为支撑，如此才能发挥其巨大的作用与效益。只有硬件基础设施的建设而缺少优质软件的配合，则在硬件设备投入上将无法拥有好的产出。所以重视加强优质民族教育资源的开发与应用，是加速未来10年民族教育信息化进程的又一重要环节。民族教育信息化资源建设，应该有别于普通类型资源建设而具有自己的特色。基于此，未来10年我国民族教育信息化发展重点需要解决的资源建设问题包括如下几个方面：①网络教学资源体系，特别是民族资源和双语教学资源；②网络课程；③虚拟实验教学系统。随着国家前期实施的"农村中小学现代远程教育工程"（简称农远工程）的实施和推进，我国许多民族地区已经设立了多媒体教室和计算机教室，信息化教育的环境条件已经基本具备。在基

---

① 杨改学，付道明. 教育信息化对民族教育发展影响的前后20年. 中国电化教育，2011，(7)：11-16.

于现有设施条件的基础上，逐步进行民族教育资源建设和开发，并结合民族教育现实予以推广应用，无疑是必要的，也是必需的。随着后期信息化建设的推进、虚拟实验室的建立，民族教育利用信息化方式开展仿真实验，必将能够成倍地提高实验教学质量与效率。当然，虚拟实验室的创建要注重实验教学软件的设计与开发，做到以同步建设、同步应用为前提条件。

第三，强化信息技术应用，提高教师的信息技术素养。为了在民族教育中应用信息技术，必将大幅度增大教育经费投入，而且这种经费投入甚至将会是传统教育设施、设备、资源投入的几十倍、几百倍。究其目的而言，加大教育投入是为了提高办学水平。因此，教育信息化建设必须设法使教育投入与产出成正比。然而，要使投入钱就能增加的教育设备真正发挥作用、体现效益，必须在发挥人的作用下才能实现。简言之，教师、学生和民众的教育信息化应用水平，决定了教育信息化功能与作用的发挥和教育成本效益的获得。教师作为教育信息化的第一责任人，必须加快其教学观念的转变与提升、教学方法与手段的更新与转变，进而实现提高教学效率、教学效益和教学质量等目标。

第四，加强民族教育信息化管理系统及其标准的建设。民族教育信息化管理系统及标准建设，是国家教育管理信息系统充实的重要内容，也是未来 10 年加快民族教育信息化进程的重要保障。没有高效能、高标准、高质量的教育信息化管理系统，整个民族教育现代化的实现将受到影响。因此，在推进民族教育信息化建设之前，我们必须加快制定符合中国实际的、适合民族教育需求的教育信息管理系统及标准，以加快各级各类民族教育信息化建设进程。此外，我们还必须在参照发达地区学校经验的基础上，制定民族地区的学校管理的标准和规范，以推进民族地区地方政府教育管理信息化进程，提高其管理的效率与质量，整合各地区、各民族各级各类教育管理资源，为建立国家教育管理公共服务平台作贡献。①

---

① 杨改学，付道明. 教育信息化对民族教育发展影响的前后 20 年. 中国电化教育，2011，(7)：11-16.

上述民族教育信息化未来 10 年的工作任务，不可谓不重；然而，反观民族教育信息化现有研究成果，则不可谓足矣。事实上，较教育学学科其他领域研究而言，教育信息化研究在我国起步甚晚，较具深度和综合性的研究成果为数并不多；而民族教育信息化研究需要在综合教育学与民族学研究成果的基础上，结合我国民族教育的特殊性和现实性进行深入研究，此方面研究成果更少。实践需理论指导。因此，本书以"民族教育信息化概论"为题，试图对我国民族教育如何凭借信息技术实现跨越式发展问题进行探究，为我国民族教育跨越式发展提供些许借鉴。研究过程中，笔者在吸纳国内外相关研究成果的基础上，综合民族学、教育学、信息科学、心理学等学科知识，结合田野考察的实地所得，对我国民族教育信息化问题进行研究，力图使研究成果具有一定的综合性、创新性和实用性。

客观地说，民族教育信息化作为一个新兴的跨学科研究领域，不仅需要扎实深厚的理论功底，更需要宏观把握各学科发展的综合审视能力。笔者深知自己在此方面能力尚需进一步提升，但仍想斗胆一试。之所以如此，是因为笔者认为民族教育能否抓住未来一二十年的重大发展机遇，在发挥后发优势的基础上实现跨越式发展，关键在于能否创新、能否做到与时俱进。因此，该目标的实现，一方面要求我们主动出击，积极主动而不是消极等待民族教育具有的后发优势；另一方面要求我们必须创新，在立足民族地区教育实际的基础上，吸收、借鉴国内外的现有研究成果的同时创造新的路径。基于此，即便研究必然存有纰漏也必须一试。无它，唯求能为同行研究者铺石垫路！

徐天伟

2016 年 11 月

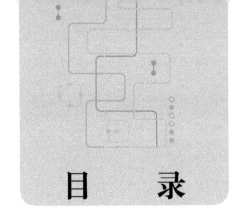

目 录
CONTENTS

第一章

民族教育信息化问题提出

我国幅员辽阔，在960万平方千米的土地上，因地域特征、文化属性、历史发展等因素的综合影响，东、中、西部省区间，区域城乡间，区域不同民族之间形成了巨大的经济社会和教育事业发展差异。尤其在广大的少数民族聚居区，各级各类教育资源配置的两极差异明显存在，在相当程度上严重影响了我国教育事业总体水平的提升，影响边疆的繁荣稳定、民族的团结进步，乃至各民族的同步小康。毋庸置疑，在致力于教育公平战略目标实现的今日，我国民族教育事业亟须通过各种途径实现跨越式发展并最终达到齐头并进之局面。

我国民族教育亟须实现跨越式发展，能否实现？又该如何实现？笔者认为，根据经济学的研究成果，我国民族教育凭借后发优势存有实现跨越式发展的可能性，而使此可能性成为现实所能依附的路径创造便是信息技术。因为我国社会其他领域的信息化历程及教育信息化历史证明，信息技术无论进入何种领域，都必将在引发行为主体观念、环境、资源、手段方法变革后，使该领域实现跨越式发展的目标。由此观之，基于我国民族教育亟须跨越式发展的现实、信息技术的"改造"特性，以信息技术为途径实现我国民族教育信息化，达到跨越式发展目标，应是我国未来一段时期内教育发展的主要任务之一。顺次推之，民族教育信息化作为一个极富时代意义的问题值得研究，也必须研究。本章中，笔者在对我国民族教育跨越式发展的必要性、可能性及可行性分析的基础上，提出本书所针对的核心问题——民族教育信息化研究。

第一节　历史现实：民族教育跨越式发展的必要性

"跨越式发展"概念来源于西方发展经济学领域，从最初的表述和本意来看，其主要指的是某个落后的国家或者地区，在某种特定的环境条件下，通过吸收、借鉴先进国家及先进地区发展的优秀成果和经验，打破既有经济发展的常规做法和一般步骤，不断凸显自身的后发优势、后发特色，以社会生产力的技术跨越、技术超越为主要支撑，从根本上带动社会生产力的整体提升和进步，用更少的时间，一举越过先进国家、地区已经走过的某一个或某几个经济社会发展阶段。① 从此概念表述中，我们可以看出，跨越式发展实质就是指在特定的历史条件下，在打破旧的束缚前提下，用新思路、新机制、新方法实现非常规、跳跃式的发展。从表象来看，它较之常规发展而言在时间和空间上有突破，是一种阶梯形上升的发展模式。

回溯跨越式理论的源起，它与西方发展经济学领域中的"大突进""替代性""后起之益"理论密切相关，其代表人物主要是美国著名的比较经济史学家格申克龙。格氏在经过理论考究后，认为后起工业化国家有取得比先起工业化国家更高时间效率的可能性，认为后起工业化国家在工业化进程方面完全具备赶上乃至超过先起工业化国家的可能性。此后，跨越式理论在短时期内风靡全球。1997 年，中共十五大胜利召开，江泽民同志在中共十五大的报告中明确提出，"要实现科学技术发展的跨越"。此后，各种与"跨越式发展"相关的研究成果不断涌现，跨越式理论被广泛引入社会各领域中，教育也得以囊括其中。不论跨越式发展理论后来被转用于何种领域中，改变某一个体本来所处的落后状态并最终与他者并列是问题源生的根本。简言之，落后是跨越式发展源发的动因，摆脱落后是跨越式发展的终极目标。

---

① 谭崇台．发展经济学．上海：上海人民出版社，1989：177-186.

就我国民族教育而言，各种历史原因使其发展长期滞后，但如今的现实又迫切需要其摆脱该局面，尽快实现跨越式发展目标已成了当务之急。具体而言，我国少数民族地区大多经济发展落后、交通不便、信息闭塞，教育理念的更新、教育方法的改进、教育资源的拓展成了进一步提高教育质量、适应社会发展需求的瓶颈。在长期的累积效应下，其教育发展水平与发达地区之间存有的差距已经极为明显，甚而成为一个影响社会正义的问题。此局面的存在，与当今建设和谐社会、小康社会的发展目标相悖，民族教育基于如下三个方面原因亟须通过跨越式发展进而与他类教育齐头并进。

首先，实现民族教育跨越式发展是建设小康社会的首要工作。早在 2002 年召开的中共十六大上，中共中央就提出了"全面建设小康社会"的宏伟目标。必须指出，"全面建设小康社会"这一目标，从根本上为民族地区民族群体及民族地区的非民族群体的教育事业跨越发展，均提供了新的机遇和强大的动力支撑。此后，在中共十七大、中共十八大上，中共中央均对"各民族的共同发展问题""全面建设小康社会的问题"提出了相应的要求。从根本上看，一方面，教育具有直接提升劳动者素质的作用，通过教育事业的发展，可以极大地促进民族群体劳动者素质的提升，从而通过凝结在劳动者身上的人力资本增值，最终实现民族群体与非民族群体同等水平的经济社会发展；另一方面，教育还具有"文明教化""开物成务"的作用，通过教育事业的发展，还可以从根本上阻断广大民族地区长期存在的贫困代际传递，通过知识的增长、观念的革新、技术的引领、文明的驱动、文化的浸润，促成民族地区经济、社会、政治、文化等水平的跨越式发展，进而最终实现各少数民族群体与全国各族人民的同步小康。

其次，实现民族教育跨越式发展是民族地区教育发展的内在要求。既有的统计表明，我国有相当一部分的民族群体，其人均受教育年限明显小于非民族群体。尤其在广大边疆少数民族聚居区，其区域内少数民族的高等教育毛入学率、每万人口中接受高等教育的人数更是远远低于其他区域。这一现象的存在从根本上表明，少数民族的教育发展水平总体上是滞后的，高等教育对这些区域的辐射、示范、影响、带动，总体上也还有很大的上升和发展空间。可以说，民族教育是我国教育事业不可或缺的重要组成部分，但在当前民族教育的发展上，尤其在广大边疆民族聚居区民族群体教育事业的发展上，常规式的、循序渐进式的增长已经无法满足各民族全面小康的任务要求，从根本上要求我们要在民族地区教育事业发展的过程中，切实更新观念，变传统的追赶式发展为超常规的跨越式发展。

最后，实现民族教育跨越式发展是构建和谐社会的必要之举。于任何一个时代而言，教育事业的存在都具有明显的社会传动机制的作用。通过教育的发展和多元辐射，可以从根本上促进以教育为核心的经济、政治、文化等诸元社会事务的发展。换言之，通过民族地区教育事业的发展，可以极大地促进民族地区经济社会整体水平的提升，进而通过经济的发展，综合带动民族地区各项事业的稳定提升和全面进步，形成和谐社会建设的综合局面。当前，在国家制定、颁布和实施战略计划加快推进教育信息化进程的新形势下，民族教育信息化作为国家教育信息化的重要组成部分，迎来了加快发展的重要历史机遇，而民族教育信息化的加速发展对于在全国教育系统中长期处于弱势地位的民族教育事业而言，则是一次实现跨越式发展的历史契机。目前整个国家教育系统正在制定、颁布和实施以教育信息化推进教育现代化的重大发展战略计划，少数民族地区应该抓住全国推进教育信息化进程的历史机遇，利用国家公共教育资源的倾斜和中央财政日渐加大的投入力度，以及针对少数民族地区和少数民族而制定的特殊性和优惠性少数民族教育政策等物质层面和制度层面的双重后发优势，通过学习、借鉴发达地区信息技术与教育整合的成功经验，引进先进的技术装备和模仿发达地区的发展模式和制度，则可以以较快的速度和较低的成本来实现民族教育信息化，推进民族教育现代化的发展进程，缩小与发达地区的教育发展差距，从而实现在教育领域对先进发达地区的赶超。

综上所述，在构建和谐社会、全面建设小康社会的今天，我国民族教育亟须实现跨越式发展，社会各界必须在可行性论证的前提下探寻一条实现民族教育跨越式发展的最佳途径。

第二节　后发优势：民族教育跨越式发展的可能性

如前所述，跨越式发展是一种非常规的快速发展，它以一种非连续的方式前进，并将跳过一些阶段或步骤。此种发展何以可能？从现有研究成果来看，与原本处于落后状态的发展主体具有后发优势密切相关。所谓后发优势（advantage of backwardness）也称为"落后者的优势""后发性优势""落后的有利性""后起之益"。就其具体内涵而言，其所指的是不同个体之间必然会因自身条件各异而导致发展存有相对的先发和后发之分。然而，后发并非坏事，对于后发的个体而言，它们事实上具有某种由于后发所带来的先发个体所不具备的比较优势。当然，需要指出的是，由于先发与后发是一种相对的区分，因此这种后发优势也是一种相对的优势。

若将经济学的后发优势理论引入教育学领域中，我国民族教育处于后发状态是毋庸置疑的。民族地区的教育水平与全国水平相比，尤其是与沿海发达地区相比，在人才、设备、资源等方法上都存在巨大的差距。我国政府对西部的政策倾斜和一系列西部项目的实施已经形成了民族教育快速赶超发展所需的资金和技术的支持与帮助，也激起了民族地区快速发展教育事业的强烈愿望。东、西部教育发展水平的差距为民族地区发展教育提供了动力和发展样本。而民族地区的科技水平由原来以手工工具、机械工具为主跨越性地发展转向以信息技术为主也是可能的。可见，当前民族教育完全具备格申克龙（Alexander Gerschenkron）和列维（M. Levy）所列举的后发型的条件和特征。问题在于处于后发状态的教育是否会如同经济发展一样具有后发优势呢？对我国教育发展史进行考察后，笔者认为答案是肯定的。

回顾我国教育发展史，其公认的得到跨越式发展发生于 20 世纪 90 年代。20世纪末期，为逐步缩短我国与发达国家之间教育中存有的差距，我国开始以信息技术为着力点大力发展各级各类教育。从 2000 年 9 月开始，我国中小学逐步开始开设"信息技术课程",与此同时,教育部还公布了《中小学信息技术课程指导纲要(试行)》。次年10月,在教育部组织召开的"全国中小学信息技术教育工作会议"上,又相继颁发了《关于中小学普及信息技术教育的通知》《关于在中小学实施校校通工程的通知》和新的《中小学信息技术课程指导纲要(试行)》三个重要文件。在此之后,"中小学信息技术教育"这一表述正式取代在我国教育领域沿用了近20多年的"中小学计算机教育"的表述,这标志着我国基础教育发展史的新篇章正式揭开帷幕。进入2003年9月之后,国务院组织召开"全国农村教育工作会",会后,国务院办公厅正式下发《国务院关于进一步加强农村教育工作的决定》。该决定中明确提出:"实施农村中小学现代远程教育工程,促进城乡优质教育资源共享,提高农村教育质量和效益。"该决定下发后,2003年国家首先进行了试点,之后又组织大批人力、物力、财力进一步推进实施了"农村中小学现代远程教育工程"。在这一系列的国家政策文件实施和有关配套政策系统推进的基础上,仅2003—2007年,我国累计投入100亿元实施农村中小学现代远程教育工程,先后为全国约11万个农村小学教学点配备教学光盘播放设备和成套教学光盘。4年来,我国先后向这些教学点约510万名山村小学生提供了优质的教育教学资源;直接使得全国38万所的农村小学初步建成卫星教学收视点,有关数据表明,这些投入基本上满足了农村8142万小学生对优质教育教学资源的需求。有关统计表明,截止到目前,我国东部地区城市和城镇中小学已基本实现了"校校通";大多数中小学建立了计算机教室,并普及了信息技术教育。可以说,在1994年互联网开始进入中国之前,我国的教育信息化工作总体上处于空白,但是经过了10余年的发展,我国的教育信息化事业取得了长足的发展,一方面是在各级各类教育中,信息化建设的水平得到了明显的提升;另一方面,与西方发达国家相比,我国教育事业的信息化水平也取得了一定的提高,与发达国家教育信息化建设的差距逐步减小。

简言之,从整体上看,进入21世纪以来,我国原先处于落后状态的教育确实得到了长足发展。从发展历程上看,先是以计算机和网络为代表的信息技术飞速发展并不断渗透到较之其他领域而言发展滞后的教育领域中;时隔不久,我国教育领域资源飞速拓展、教学手段急速更新、教学理念竞相进发，整个教育领域经历了前所未有的变革；最终，我国教育发生了跨越式发展。基于此，笔者认为，20 世纪末至 21 世纪初期的短暂教育发展历史证明，教育领域确实可以利用某种技术、凭借后发优势实现跨越式发展。而基于该历史事实，我们有理由相信，我国民族教育因存有后发优势而实现跨越式发展是可能的。

第三节　技术路径：民族教育跨越式发展的可行性

从经济发展来看，后发优势为落后国家和地区实现赶超和跨越提供了一种可能性。然而，需要强调的是，可能性绝非必然性。若要使后发优势转化为现实优势并真正发挥作用，从而达到赶超和跨越的目标，必须具备一定条件。从世界经济发展经验来看，这其中最重要的前提就是重大技术突破导致的技术经济范式的根本性转换，唯有它才会为后来者以跨越的方式实现快速发展提供条件。从理论上看，当我们再次将此规律应用于教育领域后，可以探讨的问题是：是否存在某种能导致我国民族教育范式发生根本性改变的重大技术成了问题的关键所在。通过系统的分析和既有文献的集中梳理，我们不难看出，在以社会各领域发展经验为鉴的基础上，结合教育自身的特点分析。因此，从这个意义上看，笔者认为，信息化社会中，信息技术就是此种能导致我国民族教育范式发生根本性改变，进而使后发优势从一种可能转变为现实的重大技术。若将信息技术引入民族教育领域，其在短时期内实现跨越式发展的目标必将实现。之所以持如此肯定结论，是因为若干年的社会信息化历程证明：信息技术无论进入何种领域，都必将引发该领域从主体到客体再到环境全方位的更新。毋庸置疑，一个系统的构成要素发生改变之时，该系统的最终形态也将随之发生变迁。结合教育领域的实际情况，信息技术必将导致教育领域如下四个方面发生根本性变迁。

第一，教育主体观念。信息技术一旦进入教育领域，便会引发教育主体的观念变革。① 首先，信息技术会使教育主体树立新的教育观，使教育主体走向促进社会的发展和人的发展相统一的教育价值观、走向多元智能理论与新型素质结合的人才观、走向以促进学习者发展为宗旨的教育质量评价观。其次，信息技术会使教育主体树立新的学习观。与信息技术条件下的开放式教育环境相适应，教育主体的学习观也必须向创新性学习、自主性学习、个性化学习和基于技术的学习四个方向发展。最后，信息技术对传统的师生关系提出了挑战，要求树立新型师生观。与学生的创新、自主学习相对应，教师必须从传统的知识传授者的角色向学生的导师、意义建构的促进者等多种角色转变。

第二，教学环境。所谓教学环境是构成教学活动的场地。从教育学基本原理的有关知识来看，所谓的教学环境主要是指在什么样的环境中开展教育教学活动。例如，在教室中开展教育教学活动，在报告厅里开展教育教学活动，在图书馆开展教育教学活动，在博物馆开展教育教学活动，乃至在室外开展教育教学活动。一般意义上，凡是用于开展教育教学活动的场所，都可以看作教学环境。但同时必须指出的是，随着现代信息技术的发展，我们的教育教学环境正逐步发生深刻的变化，传统的教育教学环境正逐步从传统的、人为的环境中走到虚拟的、非现实的环境中来。可以说，只要有知识传递发生的任何场合，都可以构成所谓的教学环境。在现代社会，借助互联网技术，传统的知识传统传授可以超越教师、报告厅、博物馆、图书馆等的时间和空间限制，通过网络形成线上、线下的实时对接和即时交互。无论是借助手机还是平板电脑，乃至其他一些移动存储设备，教学活动都可以在任何时间、任何地点展开。从这个意义上看，因为现代信息技术的发展，民族教育已然在突破时空限制上成为可能，传统的教学环境将不再是制约民族教育发展的关键所在。

第三，教学资源形态。一般意义上，教学资源可以分为"人力资源""非人力资源"两种基本类型。在教育教学上，所谓的"人力资源"一般主要指的是"教师""学生"及其他"参与教育教学"的各类直接人员；而"非人力资源"

---

① 南国农．信息化教育概论．北京：高等教育出版社，2004：5-7.

则主要是指各种用在教学过程中载有知识信息的"教学媒体"，常见的有如"各类教材""呈现知识信息的各类黑板（电子白板）""挂图（地图等）""各类教学教具"等。长期的理论和实践表明，尽管传统教学资源在日常教学活动中发挥着不可替代的重要作用，但任何教学资源都不是一成不变的，相反，教学资源会随着内外部教育教学环境的变化而发生新的变化，或生成新的教学资源，或使得原有教学资源在教学活动中的地位削减。从教学资源增加的方面来看，随着教育信息化的发展，"多媒体资源、网络资源、资源库资源、卫星电视资源、微信资源、微博资源"等各类新型的教学资源如雨后春笋般出现；从教学资源的削减来看，如传统的工具书、教师的挂图、标语、黑板报等早期的教育教学资源正逐步消亡，尤其在经济较为发达的北京、上海、广州、深圳等地区，教室的形态正逐步发生深刻的变革，与此同时，也带来了诸如黑板报、标语、挂图等教学资源的消失。但是我们也必须承认，正是因为传统教学资源形态在现代信息技术条件下发生的不断变革，边疆民族地区的教育事业发展也迎来了新的机遇，通过跨时空交互的互联网技术，广大的边疆民族地区各级各类学校，可以同步获得其他先进发达地区的优质教学资源，总体上可在相当程度上缓解区域性教育资源配置不均衡的问题，从根本上促动各级各类教育在不同地区之间、不同民族之间、不同学校之间的协调配置和均衡发展。

在所有的教学资源中，教材是最重要、最常见的资源之一。信息技术进入教育领域后，无疑将引发教材概念和形式的变革。在千百年来的传统教育中，教材就是文字的概念、书本的形式。然而，自信息技术进入教育的电化教育时期起，传统教材的概念及基本形式都发生了变化。我们一般意义上所认为的教材不再限制于单一的书本文字。教材的范围从传统的书本文字逐步扩展到"录像带教材、录音带教材、DVD光盘教材、幻灯片教材、资源库教材和网络课程教材、慕课在线教材、翻转课题教材"等。这些新形式的教材存储知识信息的方式各异，如书本教材记录和存储文字信息符号，录像带教材记录模拟的图像和声音信息符号，DVD和数据卡及网络教材等教材形式能存储数字化格式的图像、声音、文字、动画等多种信息符号信息。新教材不同的存储方式改变了人们对知识信息的获取方式，传统教材无法解决的问题在新教材中得到了解决。诸多新教材所存储的信息内容丰富，同时具有图文并茂、声画同步的传播效果。这些变化一方面有效深化了教学内容、优化了教学过程的相关环节；另一方面也带来了教学质量的整体提升。教育领域的革命性变革由此而来。

第四，教学手段和方法。在传统的教育教学过程中，讲授法、讨论法、观察法、实验法都是通常采用的教学方法。但是现代社会，随着信息技术在教育教学中的广泛应用，传统教育教学的方法和手段发生明显变化。事实上，伴随着"教学过程"中的相关信息传递，教学还生成了一个集"知识传授""信息传播""价值导引""理念浸润"于一体的综合过程。在这个过程中，为使得教学的信息传播、知识传授、价值导引、理念浸润实现最大化的效果，教育工作者往往会依据不同的内容，针对不同的对象，在不同教育教学环境下，使用不同的教学方法和手段。例如，对于历史知识采用讲解法，对于科普知识采用实验法，对于开放性知识知采用讨论法，等等。但在传统的教育教学中，无论采用哪种方法，一般都离不开讲台、黑板、教材等媒介。然而，随着现代信息技术的发展，与前述提到的教学环境、教学资源等一样，教学的方法和手段也随之发生变化。尤其对于今天身处信息环境下的网络"原住民"而言，如果在对其的教育教学中，采用传统媒体的教学方法与手段，其教学效果定会是相对有限的。所以针对身处不同时代的教育对象，我们传统的教育教学方法、手段理应加以改变、更新和变革。只有切实分析互联网"原住民"的信息接受特点、信息接收方式、学习动机、学习兴趣和学习规律，并因地制宜、因时制宜地对其采取不同的教学方法和手段，方能生成良好的教育教学效果。具体到边疆民族地区来看，通过近 10 年来的教育信息化推广和运用，加之诸如"国培计划""乡村教师培训计划"等多元项目的推动，相当一批具有现代教育理念、掌握现代教育技术的民族教师群体正逐步涌现。而在这些变革的背后，同时也隐含着学生学习行为的转变、教育教学内容的转变、教育教学环境的变化、教育资源的更新。

总而言之，信息技术作为我国民族教育发挥后发优势实现跨越式发展的一种技术路径是可行的。信息技术作为一种能导致教育技术范式发生根本性改变的技术，必将导致民族教育主体在教育理念、教与学关系、教学资源、教学环境等方面发生全方位变迁。随着信息技术渗透到民族教育系统的每一个角落，真正实现了民族教育信息化，我国民族教育的跨越式发展也将随之成为现实。

　　综上所述，在全面建设小康社会、和谐社会的今天，民族教育亟须实现跨越式发展，能否充分利用发挥其后发优势的信息技术最终实现民族教育信息化是问题的关键所在。实现了民族教育信息化，也便实现了民族教育跨越式发展。从此意义上讲，民族教育信息化与民族教育跨越式发展所指其实是同一的。基于此，笔者认为民族教育跨越式发展作为一种质性、难测的目标，其实可以以民族教育信息化之量性、显性表现予以评判；民族教育跨越式发展研究换个视角也便成了民族教育信息化研究。因此，本书以"民族教育信息化概论"为题，试图力尽所能对我国民族教育如何凭借信息技术实现跨越式发展问题进行探究，为我国民族教育跨越式发展提供些许借鉴。

第 二 章

民族教育信息化相关概念辨析

"民族教育信息化"作为本书中的核心关键词,可在此分解为两个子关键词,即"民族教育"和"教育信息化"。从社会事实辅之字面理解,上述三个关键词之间的关系很简单:民族教育是我国教育事业的重要组成部分;教育信息化是我国教育事业发展的重要手段;而民族教育信息化作为二者的结合体,就是用信息化作为手段助推民族教育事业的发展。然而,值得关注的是,当前民族学及教育学学界,对"民族教育"及"教育信息化"两个概念内涵的理解仍存有争议。在此前提下,"民族教育信息化"作为本书的核心关键词,也极有可能存在"横看成岭侧成峰"式的不同看法。因此,笔者认为,对民族教育信息化问题进行研究,必须首先对其所关涉的系列关键词进行辨析并明确其内涵。唯此,我们才能从本质、内涵上完整、全面地认识民族教育信息化,进而有效地为民族教育信息化实践服务。在本章中,笔者立足我国民族教育现实,对"民族教育信息化"所涉及的"民族教育""教育信息化"基本概念先予以辨析,并在此基础上明确对本书中所用的"民族教育信息化"作出明确的概念界定,为后续深入研究奠定基础。

第一节 民 族 教 育

我国民族教育发生之源历史久远。清朝时期,就出现了作为近代民族高等教育发端的满蒙文高等学堂;1930年,国民党南京政府成立了我国历史上第一个主管民族教育的中央行政机构（蒙藏教育司）。就常理而言，民族教育发展至今应已较为成熟，"民族教育"之内涵应该无须争论。只是，令人深思的是，发展至今，学界对于何为"民族教育"却仍各执一端、难以互服。笔者认为，科学界定"民族教育"概念具有重大的理论意义与实践价值。一方面，从理论上讲，它是我国民族教育研究能否得以系统深入开展的根本；另一方面，从实践来看，它是我国民族教育发展能否得以有效推进的关键。于本书而言，不对"民族教育"为何予以界清，"民族教育信息化"为何也将无从谈起。基于此，下文试图在探寻目前学界广存的系列"民族教育"概念分歧点所在的基础上，基于我国民族教育跨越式发展工作的现实，明晰"民族教育"所应有的现代内涵。

对我国学界存有的"民族教育"概念进行统合分析，可以发现主要存有以下五种观点。

第一种，民族教育就是少数民族教育。此种说法认为，在中国，民族教育专指中国除汉族以外的55个少数民族的教育。例如，《教育大辞典·民族卷》中认为："民族教育是中国少数民族教育的简称，特指除汉族以外，对其他55个民族实施的教育。"与此类似，《中国大百科全书·教育卷》亦认为：所谓的少数民族教育，就是在多民族国家内对人口居于少数的民族实施的教育，简称民族教育。在中国，这个民族教育主要指对汉族以外的其他民族实施各级各类的教育。从总体上看，"少数民族教育说"中的"民族"就是在一个国家，其总人口居于少数的民族，而民族教育即对这少部分人口所进行的教育。以中国来看，只要是对汉族以外的少数民族进行的教育，都可以看作是民族教育。从目前情况来看，这种强调民族教育的教育对象特指的说法为大多数人所接受和认可。遗憾的是，此类界定虽然把民族教育的教育对象作了说明，却并未对其教育内容、形式特殊性予以界定。

第二种，民族教育就是传播民族文化的教育。此种说法认为所谓的民族教育实质是一种文化差异客观存在的前提下，对不同文化背景的人进行的教育。比如，孙若穷等主编的《中国少数民族教育学概论》，将民族教育分为广义和狭义两种。其中，广义的民族教育是指一种跨文化教育，是对于具有不同文化背景受教育者的一种教育；狭义的民族教育则是指在一个多民族国家对少数民族受教育者的一种教育。以下两种说法就其本质而言，也属于跨文化教育说。"民族教育是伴随着民族的形成而产生的。它与我们通常所说的教育相比，具有以下特点：其一，教育者以本民族成员为主，受教育者必须是本民族成员；其二，教育组织形式和教育方式由各少数民族的社会经济形态、风俗习惯、语言文字等决定；其三，教育内容包括相当比重的民族传统文化。"① "少数民族教育的本质是传授本民族文化的一种特殊社会活动。"较之前一种民族教育界定类型，该观点更多强调的是民族教育在教育内容上的特殊性。

第三种，民族教育就是某一族群传承其传统文化的教育。此种说法认为，民族教育专门针对某一个族群进行。比如，日本《世界大百科事典》中对"民族教育"如此定义，即民族教育是指对作为有着共同文化的集团的民族成员所进行的，培养他们具有能够主动地追求自己民族的经济、社会、文化发展的态度和能力的教育。从总体上看，此类民族教育界说植根于斯大林的"民族"概念，强调的是以同一的教育来对族群成员进行同质教育。较之前两类界定而言，强调民族教育在教育对象与教育内容两个方面的特殊性。

第四种，民族教育就是民族地区的教育。比如，胡德海认为："民族教育就其总体来说，主要指民族地区的教育。"他进一步指出，将民族教育理解为民族地区的教育，有三个理由：第一，民族教育在我国是除汉族以外的 55 个少数民族的教育事业；第二，从为什么要实施民族教育的意义上去认识民族教育才是正确的；第三，我国少数民族聚居地区的特点，以及政治上、经济上具有十分重要的意义等因素决定了民族教育是民族地区的教育。② 如果我们将该地区扩大，就可发现，某些书籍中将民族教育作为国民教育代名词的说法其实是与之相通的。虽然有人认为，国民教育与民族教育等同之时包括如下两种情况："其一，

① 宁文. 浅论社会主义时期民族教育的地位. 民族教育，1986，(2)：10.
② 胡德海. 关于我国民族教育的几个问题. 西北师范大学学报，1990，(6)：85-90.

在单一民族国家，民族教育的概念往往被国民教育的概念所代替；其二，在多民族国家，民族教育成了泛指多民族教育总和的集合概念。只有这些单一民族国家和多民族国家沦为殖民地或半殖民地的时候，才使用民族教育的概念。"①但事实并非如此，时至今日，我们仍存有以民族教育指代国民教育的情况。从总体上看，用民族教育指代国民教育之时所说的民族更多是以国界为限进行划分的。这就是说，凡一国的所有人口都可以算作一种民族，如我们常说的中华民族、日耳曼民族等。简言之，此类民族教育界定强调的是其教育环境的特殊性。

第五种，民族教育具有不同层次的内涵。除上述说法外，也有学者认为："民族教育是一个具有多层次含义的概念，第一层含义是指少数民族教育；第二层含义是指多民族国家中各民族教育的总和；第三层含义是指世界各民族教育。"② 即民族教育是由"单一民族教育"和"复合民族教育"统合而成的。所谓的单一民族教育不仅指各个少数民族教育，也包含了作为我国民族主体的"汉族"这一个民族群体的教育。所谓的"复合民族教育"，则是指整个中华民族的民族教育，即将中华大地上的 56 个民族视为"中华民族"进行的教育。以此来看，我们认为，中华民族教育是中国 56 个民族教育的有机统一和理论升华。不仅如此，单一民族教育和复合民族教育是我国民族教育不可分割的两个方面。这两者互相依存，互相补充，共同构成我国的民族教育……这种两重性构成我国民族教育的基本特点，而贯穿于我国民族教育的全部过程。③ 此类概念界定试图指出民族教育的区域性及区域间民族教育的统合性，为民族教育提供一个更宏大的视角。

综合上述几种观点，笔者认为，学界之所以在"民族教育"的概念界定上存在分歧，与其界定之时所关注的"点"不同密切相关。从某种程度上讲，争论者并非在谈同一层次、同一含义上的问题。如此，难免歧义丛生、各持己见，

① 耿金声.论民族教育的概念和民族教育的特点.民族教育研究，1991，(2)：9-20.
② 滕星.少数民族教育概念新析.民族研究，1998，(2)：23-30.
③ 李红杰.民族教育学研究对象和体系浅议.北方民族，1992，(1).

热闹非凡却毫无结果。事实上，对何谓"民族教育"进行争论，必须在"民族"及"教育"概念同一的基础上方能进行。究竟是将"民族"看作"种族"意义上的民族（人们在历史上形成的一个有共同语言、共同地域、共同经济生活，以及表现于共同文化上的共同心理素质的稳定的共同体），还是我国常用的少数民族（多民族国家中人数最多的民族以外的民族）之简称？究竟是将"教育"理解为广义的教育，还是理解为特指学校教育的狭义教育？唯有在此前提下，民族教育问题的争论才不至于出现"自说自话"的荒谬情形。

那么，我们在界定"民族教育"内涵过程中应选择何种"民族"、何种"教育"含义呢？毕竟，它们的提出及存在都是合理的、都是经过实践检验的、都确实是在特定时空条件下得到人们广泛认可的。对此问题，笔者认为，基于理论指导实践的原则，立足现实是最基本的选择原则。虽然国内外至今确实存有不同的"民族""教育"界定，但有些界定已然是过时的、是不适合我国国情的。在当今时代下，我们研究民族教育问题是为我国民族教育事业发展服务的；由此，我们界定"民族教育"之时必然要从其现存的时空条件下出发，以我国社会事业发展中所谓的"民族""教育"为立论基础。在我国新制定的《国家中长期教育改革和发展规划纲要（2010—2020年）》中，有明确的关于民族教育的内容，诸如加快民族教育事业发展对于推动少数民族和民族地区经济社会发展，促进各民族共同团结奋斗、共同繁荣发展，具有重大而深远的意义。"全面提高少数民族和民族地区教育发展水平。"从上述具体表述内容中，我们可以看出，在现代，我国民族教育事业发展政策规划中所谓的"民族"是指"少数民族"，"教育"是指"学校教育"，其所发生的区域是圈定于"民族地区"之上的。由此观之，其所谓的"民族教育"所指应为"在民族地区对少数民族实施的学校教育"。

基于上述分析，本书所用的"民族教育"所指为"在民族地区对少数民族实施的学校教育"。具体而言，其所针对的教育主体是人口居于少数的民族，教育环境发生于民族地区，教育内容则囊括现代学校教育规定的所有门类。

在明确"民族教育"内涵的基础上，本书认为民族教育是具有浓郁特色的教育，与普通的教育和学校教育相比较有着自己的特殊性。这种特殊性在长期的历史演进中逐渐形成了我们所说的民族教育特征，如在教育目的、教育内容、教学用语、发展水平上的整体规划性与发展不平衡性、办学形式上的共同性与多样性等。具体而言，具有如下五个方面特征。

特征一，教育环境复杂性。教育环境包括自然环境和社会环境两个方面，民族教育环境的两个方面兼具特殊性。首先，从自然环境复杂性来看，我国民族地区的自然地理环境要比较复杂，东西部省区之间、城市与农村之间、城市与城市之间、同一城市的不同人群之间、同一地区的不同民族之间都存在多元复杂的差异性。其次，从社会环境复杂性来看。民族地区的居民并非单一的民族，各民族又具有自己的风俗习惯，导致社会环境很复杂。在具体的教育情景中，尤以语言环境的复杂性最为突出。民族地区教学语言的多样性决定了其教学环境的复杂性。

特征二，教育目的特殊性。就当前的普遍观点来看，民族教育的首要目的在于培养符合新型劳动力转移要求的新型劳动者，以便在实践新型劳动力转移的过程中，不断推进民族地区的经济和社会发展。民族教育以其独特的教育构成形式肩负着培养民族人才、传承和发展本民族文化的艰巨任务；从民族教育的文化使命来看，民族教育具有跨文化性的特点，民族教育正是在这种复杂的文化背景下承担着促进民族本土文化的生存与发展，以及与其他文化间融洽相处、共同繁荣的重任。民族教育的特殊性在相当大的程度上反映着不同地区对受教育者的特殊要求和互相区别的教育目标。

特征三，教育对象针对性。民族教育的对象就是民族地区的所有居民。这些地区的居民形成了各具特色的不同教育对象，因此民族教育具有了对象的针对性。民族教育的教育对象在民族构成上具有多民族、跨文化性的特点，这就决定了民族教育的对象来自不同的文化背景，有着不同的特点。从民族教育的对象看，它是对少数民族学生实施的教育。从民族教育的内容看，它是以具有传承、弘扬民族特点的文化教育形式实施的教育。从民族教育的范畴来讲，它既包括少数民族基础教育、高等教育，也涵盖着少数民族的职业技术教育、成人教育。从民族教育的作用看，它促进着民族地区各项事业的发展。

特征四，教育内容系统性。民族教育的内容主要包括"爱乡教育""知识教育""技术教育""维权教育"等。当然，如果是在一般的正规的学校教育体系中，"民族教育"的内容总体上也是与非民族教育的内容相同的。具体来看，"爱乡教育"主要指的是针对不同的民族进行本民族文化知识、民族精神的教育，以通过系统的教育使民族群体的受教育者热爱自己的家乡，愿意为自己家乡的建设和发展服务；所谓的"知识教育"，则多指在各级各类正规学校教育系统中，对民族学生进行系统的知识传授；而"技术教育"则主要是指各种相关的"职业技术培训（如针对非正规学校教育体系中的民族群体进行的职业技能和职业技术培训）"和"职业技术学历教育"；此外，还有"维权教育"，主要指针对少数民族群体，进行维护劳动者平等就业权、劳动合同签订权、休息权、获取劳动报酬权、安全与保护权、社会保障权、人身自由权和身体健康权等合法权益的教育。

特征五，教育方式多样性。民族地区自然地理环境的多元复杂性和人文社会环境的多样性、民族教育目的的特殊性、教育对象的针对性、教育内容的系统性等特征，决定了民族地区教育方式的多样性。首先，学历教育与非学历教育并存，当然，这种表述在一定程度上也体现了广义的民族教育和狭义的民族教育的区分。在广义上，所有增进民族群体、民族人群的知识和技能的活动都是民族教育；在狭义上，集中在各级各类正规学校教育体系中的，针对民族群体、民族人群所开展的知识和技能的传递活动才是民族教育。其次，传统教育与现代教育并存。在民族教育中，既要有广泛的知识、技能的增进，有普遍、系统的知识学习，同时还要有特定的民族知识、民族习俗、民族文化、民族认同等方面的知识学习；再次，"单一教学""双语教学"等多语言使用并存。当前，我们还存在相当一部分的少数民族群体，无论是在对其开展正规的学校教育的过程中，还是开展非正规的教育活动，都需要该民族语言和汉语的共同使用。此外，由于各地区的民族教育所处的地理环境、经济条件、文化意识等多方面的差异，民族教育还有着不同民族间的教育不平衡性、不同少数民族聚集区教育的差异性等特征。

第二节　教育信息化

　　"信息化"是一个使用历史悠久的名词。回溯其历史,早在20世纪60年代,日本学者将"信息化"作为一种有别于传统产业的概念提出;1963年,日本学者梅卓忠夫在其《信息产业论》中对信息化进行了界定。他认为,所谓信息化是对通信现代化、计算机化和行为合理化的总称,这是一个由工业社会向信息社会演进的动态发展过程,今后的人类社会将是一个以信息产业为主体的信息化社会。① 此后,国际社会逐渐接受了该名词,并将其理解为一个有别于其他传统产业的新型产业模式。1992年,美国克林顿政府提出了"国家信息基础设施"计划(National Information Infrastructure,NII,俗称"信息高速公路"的建设计划),旨在发展以因特网为核心的综合化服务体系和推进信息技术在社会各领域的广泛应用。此举引起了世界各国的积极响应,许多国家政府相继制定了推进各国教育信息化的计划,全球范围内掀起了波澜壮阔的信息化教育浪潮。② 1997年,我国首届信息化工作会议对"信息化"作出了适合我国国情的定义,在《2006—2020年国家信息化发展战略》中将"信息化"进行界定,即信息化是充分利用信息技术,开发利用信息资源,促进信息交流和知识共享,提高经济增长、质量,推动经济社会发展转型的历史过程。

　　综观各种媒体,"信息化"已经成了一个家喻户晓的名词,各国政府、各部门关于高度重视教育信息化建设的报道层出不穷。尤为突出的是在1993年,美国在其"国家信息基础设施"计划中,强调提出要把信息技术教育应用作为实施面向21世纪教育改革的重要途径。此后,其他国家也相继制定了推进各国教

---

① 王豫生. 信息化概念的思考. 黑龙江科技信息,2009,(29):85.
② 南国农. 信息化教育概论. 北京:高等教育出版社,2004:17-18.

育信息化的计划。我国教育信息化建设的历史并不算长。1984 年，邓小平同志在视察上海时明确指出"计算机的普及要从娃娃抓起"，要求教育要根据信息化社会的需求对教育进行内容上适时的调整，使学生成为具有能够适应信息化社会需求的人才。此后，我国教育信息化建设的相关政策才得以相继出台。1996年，教育部印发了《中小学计算机教育五年发展纲要（1996—2000 年）》，对我国中小学教育信息化建设中的计算机标准配置、教学课时、教学内容等进行了较为详细的规定。2000 年，在教育部举办的全国中小学信息技术教育工作会议上，教育部时任部长陈至立提出"要抓住机遇，不失时机地大力推进教育现代化进程，以信息化带动教育现代化"。2002 年，江泽民同志在参加北京师范大学百年校庆活动中指出："进行教育创新，必须充分利用现代科学技术手段，大力提高教育的现代化水平，要通过积极利用现代信息和传播技术，大力推动教育信息化，促进教育现代化。"在我国教育信息化发展历程中，尤其具有里程碑意义的是由国务院办公厅印发的《2006—2020 年国家信息化发展战略》。这部战略规划突出强调了推进信息化是构建社会主义新型和谐社会的战略举措，是建设创新型国家的需要和选择，为我国今后的教育信息化建设工作指明了方向。

从具体内涵来看，"教育信息化"概念始出何人何时很难考证。一般认为，教育信息化之说是在 20 世纪 90 年代伴随着信息高速公路的兴建而提出来的。至今人们依旧对"教育信息化"概念的具体内涵所指众说纷纭，难以统一。值得指出的是，"信息化"这一概念基本上是东方语言思维的产物，虽然在包括中国、日本、韩国、俄罗斯等许多东方国家中大量使用"信息化"的概念，但在西方国家的文献中却极少使用"信息化"之类的说法。若将西方国家惯用的"IT in Education""e-Education""e-Learning""Network-Based Education""Online Education""Cyber Education""Virtual Education"等词汇与我国常用的"教育信息化"词汇综合起来，对其内涵理解大致包括如下三种观点。

第一种，技术论观点。持此观点者认为，教育信息化就是将信息技术推广、应用到教育中的过程。比如，我国学者傅德荣认为："教育信息化是将信息作为教育系统中的一种基本要素，并在教育中广泛使用信息技术的活动的总称。"①
张新明认为："教育信息化是社会信息化的一个重要组成部分，是指将现代信息技术（IT）引入到教育领域，实现教育信息资源的合理配置、开发和高效利用，以在教育领域实现信息社会所特有的重要组织和管理方式。"② 总体观之，持此观点者都极为强调技术在教育变革中的意义和价值。他们在具体的研究过程中，通常都把信息技术作为教育的基本构成要素，并以信息技术为基点和视角探讨技术之于教育的功能。

　　第二种，教育论观点。持此观点者认为，教育信息化的过程必将导致信息社会中的教育新形态。比如，我国学者祝智庭认为："教育信息化是指在教育领域全面深入地运用现代化信息技术来促进教育改革和教育发展的过程，其结果必然是形成一种全新的教育形态——信息化教育。"③ 南国农认为："教育信息化是指在教育中普遍运用现代信息技术，开发教育资源，优化教育过程，以培养和提高学生的信息素养，促进教育现代化的过程。"④ 李克东则认为："教育信息化是指在教育与教学领域的各个方面，在先进的教育思想指导下，积极应用信息技术，深入开发、广泛利用信息资源，培养适应信息社会要求的创新人才，加速实现教育现代化的系统工程。"⑤ 综合理解，我们认为："教育信息化是在教育领域全面深入地应用现代信息技术，促进教育改革及发展的过程。它与信息化教育是实现信息技术与教育的整合在不同发展阶段的不同称谓，前者指实现整合的过程，后者则是整合后的表现形态，因而可以把教育信息化看作追求信息化教育的过程。其内涵从技术层面上理解就是教育的计算机化、网络化、智能化；从教育层面来理解则是以培养和提高学生的信息素养，特别是信息能力为重要目标。"⑥ 总体观之，此类观点从宏观上指明了教育信息化的长期性和过

① 傅德荣．论教育信息化与教育信息处理．现代教育技术，2002，(4)：5-9，72.
② 张新明．黄学敏．信息技术、教育信息化及其发展对策．电化教育研究，2001，(10)：22-26.
③ 祝智庭．现代教育技术——走向信息化教育．北京：教育科学出版社，2002：257-258.
④ 南国农．教育信息化建设的几个理论和实际问题（上）．电化教育研究，2002，(11)：3-6.
⑤ 杨晓宏．梁丽．全面解读教育信息化．电化教育研究，2005，(1)：27-33.
⑥ 南国农．教育信息化建设的几个理论和实际问题（上）．电化教育研究，2002，(11)：3-6.

程性。持此观点的研究者在研究过程中，大多基于教育学的学科视角剖析教育信息化，并在此基础上进行信息技术的有效应用研究。他们极为强调信息资源在教育变革中的地位和作用，认为教育信息化的结果必将使教育达到一种新的形态。

第三种，综合论观点。持此观点者认为，教育信息化就是将信息技术与教育有机整合并形成信息化社会所需教育模式的过程。比如，我国学者张建伟认为："所谓教育信息化是指将信息通信技术（ICT）充分整合应用在教育系统之中，在一定程度上实现教育教学、组织管理、校园生活服务等活动的数字化、网络化、虚拟化，从而提高教育质量和效率，最终形成适应信息社会要求的新教育模式。"① 总体观之，持此观点者大多认为，教育信息化是教育与技术的结合体。在研究过程中，他们多从技术与教育教学整合的角度探讨教育信息化的实现方式，强调现代信息技术与教育教学的整合，通过整合实现教育模式的变革，以促进教育的改革和发展。

进一步看，若借鉴文化哲学理论与研究范式，"信息化"的造词方式是将"化"作为后缀加在名词"信息"之后形成一个动词。据此，"教育信息化"应是使教育转变成"信息"之状态的一个过程。那么，这是一种什么样的状态呢？这就是波普尔所谓的三个世界之状态。具体而言，这是一种既不完全是精神的也不完全是物质的，既是客观存在的又是离不开精神的存在；这是一种物质与精神、主观与客观融为一体的存在。波普尔依据构成成分和性质的不同区别了三类存在着的真实世界：一是说世界是物质世界，包括物质、能量、一切有机体、人体及人脑；二是说世界是人的精神世界，是主观意义上的知识或思想，包括全部感性知觉、认识经验、创造性的想象及自我；三是说世界是客观知识世界，是人类精神活动的产物，包括语言、文学、艺术、科学理论、图书资料以至建筑等。② 王克迪修正了计算机、网络、信息和程序介入后的波普尔三个世

---

① 张建伟 . 教育信息化的系统框架 . 电化教育研究，2003，(1)：9-13，28.
② 黄秀文 . 浅谈波普尔的"世界3"与图书馆学 . 图书馆理论与实践，1987，(1)：7-9，73.

界，即一是说世界是物理实体和物理运动的世界，包括自然物和自然物的运动，人造物和人造物的运动，以及这些运动中蕴含的能量和物质的运动。其中，计算机、网络、信息和程序也是世界客体。"世界2"是人的精神活动的世界，包括人的思想、理念、情感和情绪、心理活动和审美等，突出地表现为人的创造性等。"世界3"是人的精神活动的产品的世界，包括人类创造的理论、概念、问题、语言，以及使用语言所表述的文本、程序和其他编码形式的作品。①

从三个世界的观点来看，教育信息化所要创建的"世界1"主要是教育教学中所需的硬件，包括设备、设施等，如信息化网络基础设施、多媒体教室、多媒体开发设备等；"世界2"是软件应用和开发过程中与人有关的精神活动，如管理、组织发展、个性、心理和认知过程、人机交流等；"世界3"包括两部分，其一是有效实施教育教学所需的软件，包括与硬件配套的教学软件、网络课程与数字化教材、资源库及各种工具软件，其二是指导教育信息化过程的各种理论体系、方法和相关的研究成果。② 简言之，"教育信息化"从本质上讲就是通过"物质世界""人的精神世界""客观知识世界"之间的相互作用，创建"教育的三个世界"的过程，该世界的具体存在物是一个由物质（硬件）、软件和潜件及精神一体化后的融件。③换言之，教育信息化的过程就是构建教育三个世界对应的物质（硬件）、软件和潜件及精神的过程。

第三节　民族教育信息化

民族教育信息化在我国尚属涉足者甚少的问题，查询文献后可发现，虽有少量几篇相关论文，但其中并未对"民族教育信息化"作出明确的概念界定。

---

① 王克迪．信息化视野中的三个世界理论．北京大学博士学位论文，2000：56.
② 徐娟．论数字化对外汉语教学的硬件、软件、人件与潜件．现代教育技术，2010，20（2）：55-57，54.
③ 张诗亚．浅析教育技术发展的两个误区．中国高等教育，2001，（22）：30-31.

笔者认为，立足我国社会现实，民族教育信息化并非简单的民族教育和信息化的结合，也并非教育信息化之前增加民族限定；民族教育信息化有着其独特的内涵，也有着其不同于教育信息化的一般规律。基于上文所界定的"民族教育""教育信息化"内涵分析，笔者认为民族教育信息化就是在我国少数民族地区构建独具民族特色的教育三个世界的过程。

民族教育信息化的目的是通过信息化手段，民族地区的教育实现变革，从而能够促使民族地区社会向信息社会转型，促进民族地区社会的经济结构和产业结构的升级，从而更好地为民族地区社会发展服务。因此，其实施必须朝着两个目标迈进。其一，少数民族学生通过对多元民族文化的学习，为步入主流社会作好准备，同时也有效地保护少数民族自身的文化。其二，教育内容和教育手段等要符合信息社会的发展要求，使民族学生在接受本民族文化和主流社会文化的同时，也能够培养民族学生的信息素养和能力，使其能够符合信息社会对人才规格的要求，同时能够满足民族学生对自身的民族认同和国家认同的要求。基于此，笔者认为，民族教育信息化较之他类教育信息化，在主体、内容、方法、目标等方面具有特殊性。具体而言，民族教育信息化不同于教育信息化的特征，包括如下三个方面：①主体。民族教育信息化的对象是生活在民族地区、具有多元文化背景的民族学生，要使其在继承本民族特征的同时，具备进入信息社会所需要的信息素养；教育过程中，必须考虑不同文化背景下民族学生接受信息化知识的能力。因此，从某种程度上讲，培养难度更大。②内容。民族教育信息化不仅要使主体具有主流社会的文化内容，还要有其他民族多元文化的知识和内容。因此，在教育内容上既要考虑民族学生进入现代信息社会的知识和能力的学习，还要考虑在主流社会所需的信息知识能力的同时，完成对本民族文化知识能力的学习。③方法。在特定的时空条件下，民族教育信息化过程中主体必将存有诸多融入困难。一方面，必须让他们尽快适应过渡期；另一方面，不同主体所需培养的知识和技能还存在差异。这两个现实局面的存在，使得民族教育信息化进程中必须采纳特殊的方法。

如前所述，民族教育信息化从宏观上来看是构建一个具有民族特色的"教育三个世界"的过程，该世界的具体存在物是一个由物质、软件和潜件及精神一体化的融件。基于此，笔者认为教育信息化之构建过程包括如下四个方面：①硬件设施。硬件设施是教育信息化的物质载体，没有硬件设施一切都无从谈起。因此，计算机、多媒体、通信设备等硬件建设是民族教育信息化的首要工作和前提。②信息资源。只有硬件没有资源，再好的设施也只能成为摆设。因此，民族教育信息化还需要建设相应的信息资源，教育资源信息化建设也是必不可少的要素之一。③教育环境。民族教育信息化必须建设一个能使教育者和学习者方便获得信息和交换信息的环境，使教学活动在这种新的环境下更高效地进行。为此，需要建立一套完善的、促进信息化建设的政策、法规环境和标准体系，以及与之相关的理论和方法体系，以规范和协调各要素之间的关系。因此，基于信息技术构建适合民族地区教育与教学需求的教育环境也是民族教育信息化的工作之一。④教育主体。人是教育的发起者也是受益者，有了硬件设施、信息资源之后还必须充分发挥人的主观能动性，才能使三个世界的构建得以实现。因此，培养主体以信息的知识和观点对教育过程进行系统分析，形成并应用新的教育理念、技术手段，这也是民族教育信息化的基本构成要素之一。

第三章

民族教育信息化现状概览

民族教育信息化旨在构建民族教育三个世界，旨在形成一个物质、软件和潜件及精神一体化的融件，其构建过程主要包括硬件设施、信息资源、教育环境、教育主体几个方面。换言之，民族教育信息化形成的有形存在物——融件，作为一个系统结构，包括硬件设施、信息资源、教育环境、教育主体四个构成要素。

笔者认为，民族教育信息化构成要素之间是一种互为依托的关系。首先，硬件设施建设是基础。民族教育信息化硬件建设是信息资源开发利用的基础，它们在满足信息资源分布处理所需的传输与通信功能需求的同时，对其他几个要素提出需求。其次，信息资源开发利用是关键。信息资源开发是民族教育信息化能否得到顺利发展、收到实效的关键，信息资源应用是民族教育信息化建设的基本出发点和根本目的，它是民族教育信息化建设效益的主要体现。再次，环境建设是保障。民族教育信息化是一项系统工程，该工程得以实现需要国家政府及相关部门对教育信息资源开发、教育信息网络建设、教育信息技术应用、教育信息技术产业等各个方面制定一系列政策、法规和标准，唯有建立出一套完善的、促进信息化建设的政策、法规环境和标准体系，才能规范和协调各要素之间的关系。这既是教育信息化健康发展的重要条件和保障，也是开展教育信息化的依据和蓝图。最后，人才培养是核心。民族教育信息化人才队伍建设是搞好教育信息化建设的基本点。教育信息化建设能否顺利实施需要一支掌握前沿教育思想和理论，通晓信息技术的基本知识，并能在教育教学中灵活运用现代信息技术的教师队伍。

基于上述民族教育信息化构成要素之间客观存有的关系，本章在田野考察所得数据的基础上，从硬件设施建设、信息资源开发、应用环境搭构、人才队伍培养四个方面，对我国民族教育信息化现状略作阐释并试析其存有的问题。

第一节 硬件设施

硬件设施建设是民族教育信息化建设的重要内容和先决条件。从大的社会背景看，教育信息化建设一直是 20 世纪以来我国社会发展的重点。目前，我国已经建成并启用了中国教育和科研计算机网（China Education and Research Network，CERNET）、中国卫星宽带远程教育网络，正在实施着中小学"校校通"工程、高校"数字校园"建设工程、中小学远程教育建设工程，并加大力度对各级各类学校的多媒体综合电教室、微型电教室、网络教室、语言实验室、电子阅览室等进行建设。这些工作的开展，为加速我国民族教育信息化的推进工作奠定了前期物质基础。2000 年我国开始实施西部大开发战略，该战略使得多处西部民族地区获得了良好的发展机遇，我国民族教育信息化硬件设施建设已初见成效。当然，由于时间短、任务重，加之民族地区幅员辽阔、人口分布广、地区发展差异明显，以及民族教育的特殊性，我国民族教育信息化建设之途仍然在艰辛前行。本书将立足于田野考察所得数据，对我国民族教育信息化建设现状及存有困难分别予以阐述。

一、取得成就

民族教育信息化是我国教育信息化战略的有机组成部分，其推进进程发生于我国教育发展战略整体背景之下。因此，在未实施特殊战略之前，其取得的成就只能基于国家教育信息化整体发展战略之上。

回顾过去，1994 年我国就开始了建设中国教育和科研计算机网的教育信息化发展战略。1996 年年底，开通了与香港互联网连接的线路，至 2002 年年底，该网络覆盖我国除台湾、香港、澳门地区以外的省、自治区、直辖市的近 200 个城市，包括 28 条国际和地区性信道，与其联网的学校和科研单位达 1000 多家，联网主机 120 万台，个人用户达 1000 多万人。目标实现后，建成了一个系统容量为 150 万页和 100 万个文件的中国教育信息搜索系统，具备了总容量达 800G 的、包括全世界主要大学和著名国际学术组织的 10 个信息资源镜像系统和 12 个重点学科的信息资源镜像系统，完成了八大地区的主干网的升级扩容，在全国首先实现了与国际下一代高速网 Internet 2 互联，为我国教育信息化发展提供了良好的硬件平台。在此基础上，大学的数字化校园建设也逐步展开，截止到 2006 年，计算机在全国 1000 多所全日制普通高校基本得到普及，全国建设了 3 万多个校园网、300 多个教育城域网，绝大多数高校以不同方式接入互联网，购买了上千亿元的计算机和网络设备。目前，我国 CERNET 已经建成 20 000 千米的 DWDM/SDH 高速传输网，共有 28 条国际和地区性信道分别与美国、加拿大、英国、德国、日本和我国香港特别行政区联网，总带宽达到 250Mbps。该网络中心设在清华大学；地区网络中心和地区主结点分别设在清华大学、北京大学等 10 所高校；省级结点设在 36 个城市的 38 所大学，分布于全国除台湾、香港、澳门地区以外的所有省、自治区、直辖市。CERNET 的广泛连接使得教育资源得以共享，实现了全国教育的一体化。

　　近年来，在国家科教兴国战略的推动下，我国的教育信息化再次取得了巨大的成就，教育信息化基础设施建设进度喜人。总的来看，东部地区的学前教育、基础教育、高等教育、职前教育、职后教育、学校教育、社会教育已基本实现平台间的整合与补充，体现了大教育观的"现代"理念，以及"教育面向未来、面向世界、面向现代化"的建设目标。当信息技术及网络教育在发达国家相当普及、在我国东南沿海逐渐广泛应用时，我国西部及边疆的少数民族地区也迎来了信息化教育的浪潮。为适应国际教育信息化的发展步伐，教育部提出从 2001 年开始计划用 5—10 年的时间，在中小学普及信息技术教育，全面实施"校校通"工程，以信息化带动教育现代化；2003 年 9 月经国务院批准，开始实施面向我国中西部地区的"农村中小学现代远程教育工程"。随着这两大工程的大力推进，我国民族教育信息化也进入了一个新的发展阶段。发展至今，大部分少数民族地区在历经近 10 年的建设与发展之后，已在大中城市和经济条件较好的地区基本建起了校园网、局域网和城域网，民族教育信息化的硬件设施建设已取得了一定基础。

下文分别择取七个典型案例，对我国民族教育信息化发展至今具备的硬件设施建设取得的成就略作陈示。

例 1　西藏自治区。西藏自治区面积为 120 多万平方千米，人口 270 多万，办有近 2000 个教学点、1000 余所中小学。① 自 2002 年西藏自治区开始实施国家、自治区中小学现代远程教育项目以来，共建成教学光盘播放点 1763 个，覆盖全区所有有电的教学点；卫星教学收视点 903 个，覆盖全区 89.5% 的中小学；计算机教室 109 间，覆盖全区 92% 的中学；乡镇有线教育电视系统"班班通" 308 套，覆盖全区 41% 的农牧区乡镇小学；1 所初中和 4 所高中学校建有校园网。2009 年，实施全区中小学教育电视"班班通"建设项目和自治区教育信息化建设项目之时，分别投资 2325 万元和 500 万元完成了以下任务：建成计算机网络教室 26 间、在 476 所学校新建有线教育电视系统、改扩建 340 所学校教育电视系统。截止到 2009 年年底，通过"农村中小学现代远程教育工程"、自治区基础教育信息化建设项目的实施，现代远程教育"三种模式"和电视"班班通"基本覆盖西藏自治区所有中小学，极大地改善了基础教育办学条件，提升了基础教育信息化水平。2010—2012 年，西藏自治区在中央政府的支持下，在镇小学建设了 400 间计算机多媒体教室。此举极大地改善了乡镇小学办学条件，提高了乡镇小学教育信息化建设水平。

例 2　新疆维吾尔自治区。20 世纪 90 年代末期，我国其他地区开始大力发展教育信息化，但新疆总体来看发展较为缓慢。回溯历史，1996 年新疆维吾尔自治区开始大力发展以互联网为依托的网络教育，着力兴建中小学校园网；至

---

①　西藏自治区电化教育馆．西藏自治区电化教育馆 2009 年工作总结．http：//www．xzedu．com．cn/xxh/xxjl/201005/20100512180011．shtml［2010-5-4］．

20世纪90年代末，自治区一些条件较好的中小学开始拟建校园网，信息技术教育开始起步。但95％以上的学校由于条件的限制无法实现校园信息化建设，有些学校尤其是边远的少数民族中小学，仍为没有经费购买一两台电脑而苦恼；而极少数拥有校园网的学校，也由于缺乏相关研究和政策支持而没有充分发挥校园网的作用。因此，在该时间段里，教育信息化建设其实并没有给新疆中小学教育的教学和管理带来实质性帮助。进入21世纪之后，新疆维吾尔自治区的教育信息化建设得到了长足发展。自2000年以来，新疆维吾尔自治区抓住实施中小学现代远程教育工程的契机，以教育信息化带动教育现代化，通过"西部中小学现代远程教育扶贫示范工程""现代远程教育工程试点示范项目""农村中小学现代远程教育工程试点"和"国家贫困地区义务教育工程"现代远程教育项目的全面推进和重点突破，使远程教育工作在新疆得到了快速发展。2004年2月28日，直接服务于广大农牧区的维吾尔语、哈萨克语、柯尔克孜语等民语系中小学校、师生、群众的一个能够实现卫星数据广播的"新疆教育卫星宽带网"正式开播。到2005年，新疆维吾尔自治区已基本建成由主干网、区域网、教育卫星宽带网和校园网构成的教育信息网，实现了自治区教育厅与各地、县、学校的计算机联网。到2006年1月，新疆维吾尔自治区在全部农村中小学开设了卫星教学收视点；大部分九年制初中、完全中学里增设了计算机室。目前，新疆各地已经建成教学光盘播放点2101个，卫星教学收视点2785个，计算机教室300多间，83个县（市）的中小学生和边远农牧区的孩子基本享受到优质的教学资源。通过大规模建设教学光盘播放点、卫星教学收视点和计算机教室，新疆远程教育覆盖已基本完成，信息技术教育的硬件建设基础已经形成，实现了发达地区优质教学资源与贫困农牧区之间的共享。①

　　例3　内蒙古自治区。20世纪末，内蒙古自治区的教育信息化建设工作与全国同步开展。2002年，有专家曾对内蒙古牧区部分民族中小学信息技术状况

---

①　新疆基本实现远程教育覆盖. http：//www. xj. xinhuanet. com/ 2006-01 /19/ content_ 6085408. htm.

进行了抽样调查。被调查的 55 所内蒙古民族中学共拥有在校生约 49 380 名，拥有 486 以上微机总台数 2519 台，每百名学生拥有计算机 5 台；共建成（或正在建设）校园网的学校 17 所。① 从此调查结果来看，其教育信息化硬件设施建设水平并不低于其他民族地区。事实上，内蒙古自治区一直本着以教育信息化推进教育发展、力争使教育环境适应未来教育发展要求的理念，大力推进信息化硬件设施建设。2000 年年底，全部由光纤铺设的 CERNET 呼和浩特城域网开通，呼和浩特地区的所有院校均可接入（内蒙古大部分高校集中于呼和浩特），该网的建成标志着当地教育信息化的基础性工程已经步入全国先进水平。后来，各高中、初中、小学也纷纷创造条件加快各自学校的校园网基础设施建设，尽早搭乘教育信息化快车。② 在国家、当地政府的整体推动下，内蒙古自治区的教育信息化水平稳步提升。如今，其现代远程教育网络工程已经启动，计划投资 4.5 亿元，用 5 年时间将这一工程建设完成后，将满足内蒙古自治区各级各类教育对网络信息的需要，初步实现全区教育的信息化、现代化。建设全区现代远程教育计算机地面光纤网络系统，使 12 个盟市 50％以上的旗县城镇普通高中以上学校，以光纤方式接入 CERNET。同时，建设起覆盖全区的卫星教育信息接收应用系统，让近万所城镇、农村牧区中小学，以卫星接入方式实现信息网络教学。

例 4 广西壮族自治区。广西壮族自治区约有人口 3000 万，有人口为 1721 万的 12 个少数民族，占人口总数比例的 38％。③ 自 2003 年农村中小学现代远程教育工程项目实施以来，广西壮族自治区在自治区党委、政府的领导下，在各地区直属有关部门的共同配合下，教育信息化硬件设施建设取得了重大成效。至 2006 年年底，工程覆盖全区 10 个市 87 个县（市、区）的农村中小学校，覆

---

① 陈梅，田振清 . 内蒙古自治区农村（牧区）基础教育信息化建设中存在的问题与思考 . 民族教究，2002，(4)：11-15.

② 内蒙古启动现代远程教育网络建设工程 . http： // www. eol. cn/ article/ 20020711 /3061 189. shtml.

③ 广西投巨资推动农村现代远程教育工程 . http： // wuxizazhi. cnki. net/ Search/ ZXJA 2007 Z1036. html.

盖率达 75.1％，受益学生超过 366 万人，远程教育教学资源覆盖了小学和初中除体育以外的全部学科，学科内容覆盖率为 80％。随着这一工程的顺利实施，农村中小学教学环境和教学手段逐步呈现多样化，教育教学质量稳步提升。2007 年，广西壮族自治区农村中小学现代远程教育工程实施启动会在南宁召开。全区 2007 年度农村中小学现代远程教育工程正式启动，共建 1184 个教学光盘播放点、2093 个卫星教学收视点和 422 间计算机教室。

　　例 5　宁夏回族自治区。宁夏回族自治区地处祖国西部，是一个以回族为主体的、经济欠发达的少数民族自治区，回族人口占全自治区总人口的 35％，农村人口占近 70％。为了大力提高全区民族素质，实现全区经济社会跨越式发展，近年来，自治区党委、政府在实施"两基"攻坚工程过程中，紧紧抓住国家实施农村中小学现代远程教育工程的历史机遇，把实施农村中小学现代远程教育工程作为加强农村教育、促进教育均衡发展的一项战略性举措，采取了一系列政策措施加快推进农村中小学现代远程教育工程。[1] 2005 年，全区已在 42％的农村中小学实现了"三种模式"（即乡村初级小学配备模式一设备、乡中心小学及村级完全小学配备模式二设备、所有中学及九年制学校配备模式三设备）的覆盖，全区 75％以上的中小学教师接受了信息技术培训，中小学生机比[2]达到24：1，初步形成了覆盖城乡的信息技术教育网络，促进了全区教育事业的持续健康快速发展。在此基础上，宁夏回族自治区在《宁夏中长期教育改革和发展规划纲要》中明确指出，要加强农村学校信息化建设、更新和完善中小学信息基础设施，推进各级各类学校数字化校园建设，实现所有学校以不同方式接入互联网；要继续推进农村远程教育；要加快多媒体终端进教室的普及，逐步实现"班班通"；要建立加快教育信息化建设保障措施，促进教育信息化建设与教育事业整体发展协调一致，到 2020 年建成覆盖城乡各级各类学校教育信息化体系。在如此目标明确、措施具体的发展规划指引下，相信宁夏回族自治区的教

---

　　① 确保"远教"工程实效．中国教育报．3 版．http：//www.jyb.cn/ gb/2005 /07/18/zy/3-zb/6.htm[2005-7-18]．

　　② 生机比为学生数量与学校计算机数量的比例。

育信息化必将得到又快又好的发展。

例6 甘南藏族自治州。甘南藏族自治州位于中国甘肃省南部。近几年,国家和甘肃省对自治州基础教育信息化的发展给予了很大的关心和支持,甘南藏族自治州各级政府、各级各类学校对教育信息化发展也都十分重视,采取各种措施多方面筹措资金,加速该地、该校的教育信息化环境的建设。国家和甘肃省在甘南藏族自治州先后实施了多个项目。其中,"农村中小学现代远程教育试点示范项目""中欧甘肃基础教育项目"为658所学校配备了802套信息技术教育设备和教学光盘,总价值达500多万元;2005年,全州七县一市被列入全国、该省"农村中小学现代远程教育工程项目"连片实施、全国覆盖的范围,两年投资近1000万元,在该州188所学校实施工程项目;另外,通过"教育部、李嘉诚西部现代远程教育工程项目""二期义务教育工程信息技术教育项目""明天女教师项目"的实施和各县(市)的自主建设等,教育信息化建设资金累计达2899万元,为教育信息化发展提供了有力的保障。教育信息化建设取得了突破性进展,基本达到了"三种模式"的配备要求,城市中小学和农牧村九年制学校建有计算机教室,乡中心小学及村级完全小学都配备卫星地面接收系统和光盘播放系统。截至2006年年底,现代远程教育"三种模式"已经覆盖了全州95％以上的中小学,该州共建有教学光盘播放点790个,卫星教育收视点505个,计算机教室100个,计算机3526台,多媒体教室57个,校园网5个。①

例7 云南。云南是全国民族个数最多的省份,全省共有26个民族,汉族人口为3062.9万人,占总人口的66.63％,各少数民族人口为1533.7万人,占总人口的33.37％,其中6个少数民族人口过百万。② 2009年,云南省已完成云南远程教育培训网(平台)建设、完成"班班通"试点项目1700万的设备建设。与此同时,州(市、县)信息化硬件设施建设也有所突破,昭通、普洱、德宏建成了教育信息化网络平台;玉溪投资1358万元,新配计算机1400台,建

---

① 赵宏. 甘南藏族自治州基础教育信息化发展问题与对策研究. 西北师范大学硕士学位论文,2007:11.

② 云南电教馆信息化简报. http://www.ynedu.net/zhgl/Index.asp.

设多媒体投影教室（含交互式电子白板教室）120 个，完成 200 多所学校的校园网建设；丽江投资近 300 万元，建成多媒体教室 84 个；保山建成多媒体教室 78 间。其中，尤其值得一提的是楚雄。楚雄自实施教育部"农村远程教育工作试点示范县"项目以来，共建成"模式一"校点 162 个、"模式二"校点 9 个、"模式三"校点 33 个，在 75 个校点建成卫星远程教学收视点 112 个，村完小办学点以上 134 所学校建成光盘播放点，光盘播放设备发展到 539 台，省配"云南省远程教育乡（镇）综合信息点"4 个，建成网络计算机教室 76 个，多媒体教室（报告厅）75 个，校园广播系统 18 套，移动多媒体 22 套，语音室 14 个。以此为基础，"三机一幕"现已走进普通教师，城区中小学、幼儿园、农村中学、中心完小和村完小共 75 所学校都实现了与中国教育卫星远程教育宽带和因特网的联接，基本实现了"校校通"。2010 年，楚雄又投资 1000 多万元实施了全州农村小学网络计算机建设工程，建设 60 台计算机教室 3 个，40 台计算机教室 12 个，11 台计算机教室 60 个；交互式电子白板 67 套，多媒体设备 43 套。至 2011 年 1 月，楚雄共建成网络计算机教室 124 个，多媒体 386 套，校园广播系统 34 套，拥有学生用计算机 3783 台，中学生机比（人/台）达 11：1、小学达 13：1，计算机教室配备率中学已达 100%，小学也达 81.02%，实现了天网、地网的贯通。云南省在《云南省加快少数民族和民族地区经济社会发展"十二五"规划》中明确指出，"十二五"期间云南将投入 728 亿元实施 8 项工程加快少数民族和民族地区发展，基础设施建设工程便是其中的内容之一。

总体观之，随着教育信息化大潮的不断推进，我国民族教育信息化建设已具备一定的物质基础。少数民族地区中的大中城市和经济条件较好的区域，教育信息化发展水平很快，已基本建起了校园网、局域网和城域网；较为边远的民族地区也依托系列国际、国内项目，具备了教育信息化较为低端的硬件设备。可以肯定地说，20 世纪晚期至今的 20 多年间，我国民族地区的教育信息化建设确已起步并取得了层次各异的前期成果。

二、存在问题

在我国教育信息化前期发展战略中，民族教育信息化并未作为一个特殊问题提出，其推进的政策及具体措施是与其他地域、主体同一的。正因如此，我国民族教育信息化前期工作的开展虽然取得了一定的成就，但也由于特殊性的缺失，其后期的可持续发展遇到了系列问题。综合现有的媒体报道、研究综述及田野考察所得，我国民族教育信息化前期建设过程中以下三个方面的问题是值得关注的。

第一，基础设施建设滞后、数字鸿沟巨大。自 20 世纪开启信息化步伐至今，我国教育信息化建设除了为数不多的几个针对农村、贫困地区的大项目由国家统一投资之外，其余建设大多处于一种各地政府"八仙过海，各显神通"的局面。众所周知，我国东西部地区之间存有着不小的社会发展差距，多处西部的民族地区投入教育领域中的资金根本无法与东部地区相比。因此，在前期统一格局发展的情况下，我国民族教育信息化建设在全国基本处于下等水平，硬件设备建设滞后问题极为严重。

以甘肃省为例，甘肃省以兰州大学为中心建立了甘肃教育网络中心，并在全省实现了中国卫星宽带网和甘肃教育与科研计算机网结合的、具有交互功能的甘肃现代远程教育和教育信息化网络传输体系。全省 14 个市（州）相继发展了各自的教育网络。到 2008 年年底，已有 13 个市（州）、37 个县（区）建立了52 个教育信息及资源网站。尽管如此，甘肃省的教育信息化基础设施还远远落后于东部发达省份。2007 年，甘肃省中小学的人机比为 23.7∶1，广东省的人机比为 9.2∶1，浙江省的人机比为 10.8∶1；2008 年，甘肃省中小学人机比为21.7∶1，浙江省的人机比为 9.7∶1。广东省在 2005 年就已经有 62.3% 的学校建立了校园网，而 2007 年甘肃省中小学建立校园网学校的比例仅为 5.31%，2007 年浙江省建立校园网学校的比例为 73.77%；2008 年，甘肃省建立校园网学校的比例为 7.59%，浙江省建立校园网学校的比例为 79.47%。这些现实的数据表明，甘肃省的教育信息化建设依旧任重而道远。^① 值得一提的是，上述甘肃省与东部地区之间存有的教育信息化发展水平差距，已是经地处市、镇中心投入较高者均衡后的结果。事实上，若真正落实到少数民族地区的少数民族学校教育中，此种差距更大，硬件设施建设落后的现实更为残酷。以甘肃省兰州市为例，2010 年，兰州市重点中学兰州一中、西北师范大学附属中学等中学的校园网建设已经达到了一定的规模，学校已有自己的网页和远程教育平台，而兰州市大多数乡镇中小学校园网建设还不健全。拿地处兰州市郊区的红古区来说，红古区重点中学兰州市七十七中已有一定数量的计算机教室，却没有自己的学校网站；红古区下窑回民小学仅有的多媒体设备就是几个多媒体教室和多媒体移动柜；而另一所红古区沙窝小学仅有的几个多媒体教室，仅在观摩课或者公开课之时才能使用。^② 地处兰州市的中小学尚且如此，其余县信息化设备落后现状更可想而知。

再以云南省为例。云南省地处祖国西南边疆，总体而言，社会发展所需基础设施建设起步晚、起点低，社会事业发展滞后，基本公共服务体系不完善，社会保障覆盖面窄。在基础设施较差的少数民族地区，通信设施比较落后。基于此，网络走进少数民族地区存有极大的困难。据调查，2010 年，云南省全省少数民族人口比例占 30％以上的 6999 个建制村中，有 80 个不通电，365 个不通电话，382 个不通公路，1836 个无安全饮用水，274 个没有村卫生室，1644 个没有文化室；所辖的 68 490 个自然村中，有 1916 个不通电，6072 个不通电话，8618 个不能有效接收广播电视，8963 个不通公路，22 123 个无安全饮用水，2789 个丧失生存条件需要搬迁。^③

总而言之，经过前期的教育信息化建设，基础设施建设落后且鸿沟巨大仍

---

① 叶燕文．甘肃省与东部发达地区基础教育信息化建设的比较分析．兰州工业高等专科学校学报，2009，(5)：67-69.

② 方旭，李硕豪．《大纲》指导下的我国新时期教育信息化发展研究．兰州大学学报（社会科学版），2010，(38)：167-170.

③ 云南省加快少数民族和民族地区经济社会发展"十二五"规划．http：// www.ynethnic.gov.cn / Item/4700. aspx.

是目前民族地区教育信息化建设中一个极为突出的问题。调查发现，很多地区普遍存有，在硬件配备上，多媒体教室、计算机教室、电子备课室等缺乏，设备不配套，陈旧设备比例大，学生和计算机的比例过大等；在设备使用中，存在维修不及时、设备应用时间安排不紧凑等问题。部分项目学校的教师在接受培训时，往往是两三个人共用一台电脑，一些学校的学生，还有三个人共用一台电脑的情况。甚而有之，部分偏远地区暂且不提计算机多媒体教室，有些学校甚至不能保证农远工程中模式一要求的每间教室一台电视机的基础设施配备。

第二，基础设施重建轻用、使用效益低下。2003—2007 年，我国政府投入 111 亿元以中西部地区为主实施了"农村中小学现代远程教育工程"，完成了以下建设目标：农村初中基本具备计算机教室，农村小学基本具备"卫星教学收视点"，农村小学教学点、校配备教学光盘播放设备和成套教学光盘。这为"东部资源西部用"理念指引下的优质资源传输奠定了物质基础。随后，农村基础教育信息化走入了应用阶段。然而，资源的利用情况却不容乐观，诸多针对"农村中小学现代过程教育工程"资源利用情况的实证调查表明：现有教育资源的针对性和实用性不强导致设备利用率低，进而导致了设备闲置的情况甚为严重。从调查情况来看，在民族地区该问题最为突出。有调查发现，这些学校仅将计算机设备用于打印文件、教学资料的占 74%，用于提高师生计算机水平的占 63%，用于为师生提供学习资源的占 47%，用于与外界进行信息交流的占 21%，用于供领导或外校师生参观、提高学校形象的占 16%。[①] 也有调查发现，部分地区，不少学校不但有自己的校园网，也建设有多媒体教室且这些教室配置较高。按理来说，这些教育信息化基础设施本可以满足不同层次的教学要求，本可以对优化教学、提高教学质量起到关键性的作用；但事实与此相反，这些设备的利用率偏低，在民族教育教学活动中更多时候仅为"摆设"。即便有些教师利用了多媒体教室，也仅停留在简单展示教学内容这样的浅层次应用，仅仅

① 常国涛．甘肃省基础教育区域信息网络建设现状与发展策略研究．西北师范大学硕士学位论文，2009：5.

将多媒体屏幕变成了一块电子的"黑板"。

总而言之，我国民族教育信息化历经前期建设后，虽然投入资金后使其具备了一定的物质基础，但从后期效益来看收效甚微。面对大量的资金投入硬件基础设施之后，投入几百万甚至上千万配置的设备却并未对教学真正产生实质性作用，学校昂贵的计算机及网络设备不过是"展览品"的现实，有学者甚至开始怀疑民族教育信息化后期建设的必要性问题。

第三，基础设施建设脱离现实，可持续发展难以实现。虽然如前所述，我国民族教育信息化中的基础设施建设总体处于滞后状态，但其中也不乏可与东部发达地区相比甚至有过之无不及的特例。然而，这些外表光鲜、令人羡慕的学校，其教育信息化后期却遇到了另一种欲罢不能、左右为难的困境。

以历经地震灾难磨炼的四川省为例。灾后，四川省民族地区的学校教育得到了国家、对口支援的省（市）、企业、国际组织或民间团体的大力支持，当地教育信息化水平得到了跨越式发展。以被称为第一朵废墟上开出的花——绵竹遵道学校为例，该校设有 36 个设施齐全的现代化教室，建筑面积达 4400 多平方米，可同时容纳 1700 多名学生就读。每个教室均配套了由思科公司捐赠的"二十一世纪网络教学系统"——连一线城市的中小学都很少看到的最好的教学系统，包括一块名为"普罗米修斯"的电子白板、一个无线键盘、一支感应笔，这样一套设备需要人民币大约 20 万元。此外，该校的每个教室还安装了多媒体大屏幕、无缝对接互联网数字教育系统。在此条件下，教师们完全可以使用电子触摸屏上课，彻底告别"粉笔＋黑板"的时代。[①] 然而，令人疑惑的是，摆脱了教育信息化硬件设施匮乏困境的绵竹遵道学校，并没有如人们所预想的那样持续跨越式前进。根据后期的跟踪调查，这些设备大多已被学校闲置不用。究其原因，与教育信息化建设脱离学校现实密切相关。一方面，设备"养护"费用高，学校难以承担。据学校会计账本记述，2009 年 1—4 月，绵竹遵道学校的

① 卓么措，罗江华. 汶川地震灾区教育信息化发展的理性思考. 西南师范大学学报（自然科学版），2011，36（5）：236-239.

总运营费用是 18 万元左右。其中，水费和电费占了很大比例，3 月份的电费达到每月 5000 元，4 月份达到 4000 元。根据测算，这所学校全部交付之后，每月电费将在 2 万元左右。如此高昂的运营费用，这所学校根本无力承担！而诸如电子白板等先进的教学设备，很难用节省的方式来运营；硬件的升级换代，也是一笔不小的开支。另一方面，教师的信息素养难以满足需求。调查时，绵竹遵道学校有编制的 95 名教师中，有近 20 名教师原为村中小学老师，教学水平并不理想，信息素养更是可想而知。①

四川省作为一个特例，将我国民族教育信息化前期建设中存有的"水土不服"问题表露无遗。随着教育信息化的发展，越来越多的学校添置了计算机、网络和多媒体教学设备。但是，由于对信息设备运行费用和后期维护费用认识不足，这些学校在配备信息设备后又将之"束之高阁"的现象也屡见不鲜。调查中，许多教师反映学校的计算机设备并没有得到有效利用；而造成这一问题的主要原因包括如下几个方面：校舍条件简陋（如没有多余的教室或教室条件不达标）、教师缺乏计算机操作技能和网络维护技能、设备使用和维护费用较高等。

总的来看，后期所需的经费投入确实是一个广泛存在的难题。以设备使用费用为例，若某学校拥有一间 50 台电脑的教室，每台电脑按 200 瓦的功率计算，教室 50 台电脑每小时耗电 10 度；一部空调的功率按 1 千瓦计算，每小时耗电 1 度。这样，一个教室每小时耗电约 11 度，以每天开机 4 小时计，则需要 44 度电；以每度电 0.80 元计，则需要约 35 元；以每月开机 20 天计，则需要约 700 元的电费。如果加上每个月的网络使用费用和日常维护费用，每个月支出费用可能近 1000 元。除了电脑教室外，其他信息化设备的后期使用和维护成本也非常高。例如，液晶投影机，一个小小的液晶投影机的灯泡，更换一个就需要花上几千元，而它的使用寿命只有短短的 800～1000 小时。再如"校校通"工程，

① 卓么措，罗江华. 汶川地震灾区教育信息化发展的理性思考. 西南师范大学学报，2011，（5）：236-239.

绝大多数学校采用了电信部门出资搞网络基础设施建设、学校定期缴纳网络接入费的模式，这样，学校每年需要支付 1 万～2 万元的网络接入费用……高昂的使用成本和维护成本，使得一些条件一般的中小学校背上较大的经济负担，某些地区的教育信息化陷入不可持续发展的境地。在教育部"一费制"出台之后，这种状况有加剧的趋势。[①] 正因如此，许多民族地区的小学，在配备好电视机和 DVD 以后却往往交付不起电费，这些设备也随之成为摆设、无人问津。按照农远工程的要求，模式二的项目学校应能拨号上网，模式三的项目学校应能宽带接入互联网，但由于经费等多方面原因，一些农村学校还没有实现这些目标。有一些规模并不算小的学校，学生总数超过百人，但是校长手中每年的运营经费仅有 2000 元。这样的学校即便有了计算机却仍处于数字鸿沟的底端，计算机的诸多功能必然只能处于闲置状态。

　　从上述情况看来，我国民族教育信息化硬件设施建设并非投入就宣告结束。更大程度上，建设者需要思考的是如何实现可持续发展、如何发挥其应用效益、如何低成本走出信息孤岛、如何保障设备长效等问题。

第二节　信息资源

　　根据现有研究成果，教育信息化发展可以划分为三个阶段：硬件建设阶段、软件和潜件建设阶段及融件阶段。硬件建设阶段为教育信息化的实施奠定了物质基础后，这些硬件设备能否发挥其效用关键取决于软件建设阶段的针对性。从某种程度上讲，信息资源建设是制约教学应用最为关键的一环，信息化教育能否普及关键就在于资源的丰富性、多样性和适宜性。如果缺少了相应的资源支持，普及教育信息化只能纸上谈兵，前期已经投入的硬件建设也只能停留于面子工程、表面功夫。北京师范大学黄荣怀在分析教育信息化要素问题时认为，

---

① 　马德四. 教育信息化本质研究：教育学视角. 华东师范大学博士学位论文，2007：4.

教育信息化主要包括六个要素。其中，信息网络是基础，信息资源是核心，信息资源的利用与信息技术的应用是目的，而信息化人才、信息技术产业和信息化政策、法规和标准是其保障。①

　　基于信息资源在教育信息化中的核心地位可知，信息资源建设在我国民族教育信息化战略中必然占据重要地位。因此，下文在基于调查数据分析所得的基础上，对我国民族教育信息化中的信息资源建设问题略作审视。

一、取得成就

　　客观地说，我国教育信息化结束硬件设施建设的基础工作后，信息资源建设问题便成为一个重要内容备受关注。以教学软件、教学素材、主题网站、教育资源库为代表的各种信息资源如雨后春笋般蓬勃发展，各种各样的教育网站不断被创立，形式多样的教育资源被开发。没有多久，网络中便会存储和流动着海量级的教育资源，数量匮乏已经不再是信息资源建设的问题所在。北京师范大学的余胜泉甚至认为，我国当前的教育信息资源已走过初期建设阶段，如今需要解决的是"深度应用"问题，是"优质资源的结构性匮乏"问题。②

　　在信息资源飞速增长的整体背景下，我国民族教育信息化也拥有了一定的信息资源。综合起来，这些资源的来源途径主要包括如下四个方面：①由中央、省、市、县（区）统一配发；②由各地区、学校自筹资金购买；③由教师自主开发；④学校组织专门教师定期收集整理。总的来讲，上述几种来源途径的民族教育信息资源来自途径一、途径二（上级部门统一下发或地区出资购买）的"教育软件"制作精良，但很大部分因缺少前期调研而脱离民族教育教学实际，很多软件并不能被教师灵活地应用到教学实际中。因此，来自途径三、途径四的信息资源虽然制作相对粗糙，但因适合民族教育需求而发挥了更大的作用。

　　① 黄荣怀.我国教育信息化现状及发展.http://blog.sina.com.cn/s/blog_e63908430101e2aq.html.
　　② 张思全.教育信息化应用困境求解——访北京师范大学现代教育技术研究所余胜泉博士.教育信息化，2006，（9）：23-25.

地方发挥一线教师自身优势制作出来的、具有针对性和适应性的教学资源，项目学校专门组织成立资源使用和管理小组制作出来的教育资源，在我国民族教育信息化前期工作中发挥了较大的作用。

从我国少数民族分布情况来看，西北地区民族多聚居，教育教学资源开发也因此较少，杂居、大聚居的西南地区教育教学资源的开发更为方便。基于该原因，本书在审视民族教育信息资源建设现状时，主要将目光集中于西北地区，对其建设情况予以考察。

近几年，随着教育信息化的推进，人们积累的教育信息化经验逐渐增多，各级政府都充分认识到只建设备是不够的，必须同时具有相应的软件资源才能避免"有车无货"的现象发生。因此，青海、甘肃、新疆三省区都采纳了"硬件建设和软件建设并重，基础设施与教学资源整合同行"的教育信息化发展思路。发展一段时间后，三省区积极建立自己的信息网站，一方面最大限度地接收远程教育资源，另一方面也广泛吸纳多种教学信息。经过努力，三省区逐步形成了富有民族特色的教育信息资源。2007 年，教育部下发了《关于做好农村中小学现代远程教育工程少数民族教育资源建设工作的通知》（教基司函〔2007〕62 号），指派西藏、青海分别承担相应任务，按照"三种方言""五省区"共享的建设原则，编译制作了《身边的科学》《学生教育片》等 128 集和 19部专题类教育资源。目前这些资源已通过国家验收，并开始在教育部基础教育资源网上免费播出。总体来讲，西北地区民族教育信息化中的信息资源建设进程要比西南地区稍快。

早在 2003 年，青海省就依托中国航天科工集团投资的 150 万元，再由政府投资 200 万元，建成了省级基础教育资源中心。这使青海省教学资源实现了由单一文本向文本与数字多媒体并举的跨越式发展。

甘肃省教育信息资源建设的情况也不比青海省落后。如今，甘肃省通过优化和整合各类信息资源，初步构建了现代远程教育资源服务体系。该服务体系对省、市、县（区）三级资源中心的信息资源作出统一规划并通过已建立的甘肃省基础教育资源中心，将征集、遴选、开发的优秀资源向中小学发送。

新疆在具备自成体系的传输格局后，认识到整合海量的良好教学资源已经成为当务之急，于是"新疆基础教育资源库"应运而生。作为一个资源仓库，它一方面引进、整合国内汉语系的中小学良好教学资源，另一方面自制、集纳区内少数民族语言系的中小学良好教育资源。更值得一提的是，新疆电教馆和新疆教育电视台采取了"两块牌子，一套人马"、馆台合一的运营策略，使新疆电教馆可以充分利用教育电视台的播控中心、远程教育地球卫星上行站和视频会议室等基础设施来收集、制作和传播农远教学资源，此举大大增强了新疆教育信息资源的丰富性。至 2007 年，新疆电教馆在农远教育资源建设方面就取得了令人瞩目的成就。他们投入资金 500 多万元，建设了"新疆远程教育网"门户网站和传输平台，该平台设立直播听课点 336 个、在线点播点 1500 个、教学直播课堂 25 个。此外，该平台还分别提供了汉语、维吾尔语和哈萨克语三种版本的教学资源，满足了当地不同语言和地区中小学师生的学习需求。

总体而言，经由我国教育信息化的前期推进，目前我国民族教育信息资源建设已颇有成效。一方面，管理部门采取了各种措施研制、开发民族教育信息资源，并发配至各地辅助进行教学；另一方面，市场上也出现各类民族教育教学资源库、教学光盘。这些措施使得民族地区的教育信息化设施得以发挥作用，为远程教育和现代化的学校教育提供了有力的资源保障，发挥了数字化教育资源的优势，为我国民族教育事业作出了不可磨灭的贡献。

二、存在问题

信息资源是信息化教育成功的必要保障，是信息化教育中最为关键的要素之一，也是教育信息化建设的重点内容之一。在现代教育活动中，信息资源起着决定性的作用。然而，资源建设是一个不断积累和拓宽的过程，必然需要一段时间进行发展，民族教育信息化也符合此规律。

2000 年 5 月，教育部现代远程教育资源建设委员会发布了《现代远程教育资源建设技术规范（试行）》，对现代远程教育中各种资源建设作了相应的要求和规定。以此为据综观我国民族教育信息化中的信息资源建设现状，笔者认为，如下三个方面问题是值得关注的。

第一，共享性差。如前所述，我国西北地区青海、甘肃、新疆等地都建立了不同级别的教育资源中心和资源库。但从其后期运行情况来看，省省之间、省市之间、县（区）之间、校校之间的互相合作和资源共享情况仍有待提升。

调研结果表明，信息资源的共建共享工作推进存有难以攻克的"壁垒"。即便共享于资源中心的资源，研制它的学校和地区都难免有强烈的"自我财产保护"意识而在资源访问入口处设置登录密码。这样，非本校（非本区）人员根本无法下载使用。在民族教育信息资源有限的背景下，普遍存在的各自建设、资源孤岛的现象，这造成了人力、物力和财力的浪费，也带来了资源闲置的遗憾。一些好用、适用于民族教育、高质量的信息资源并未能得以充分运用。究其原因，与目前我国教育的条块分割管理不无相关。各教育机构在地区与地区之间、学校与学校之间因为着眼一些局部的眼前小利而导致竞争多于合作，不但不能加强信息共享，反而加据了信息封锁。要解决此问题，实现资源共享，还需要从我国教育信息化建设的大局出发，由教育主管部门制定相应的规章制度和激励措施，促成资源共享氛围的形成。

第二，利用率低。目前我国很多已经开展信息化建设的民族地区，即便开发出了具有一定实用性的信息资源。但从调查结果看，这些资源普遍存在闲置、利用率较低的问题。

比如，西藏自治区。自现代远程教育工程试点示范项目和试点项目在西藏自治区实施以来到 2006 年年底，西藏自治区先后在教学点建立 1763 个教学光盘播放点，在 903 所中小学建立了卫星教学收视点，建设了 72 间计算机教室。与此同时，西藏自治区政府自 2003 年起，每年拨出 500 万元教育信息化建设专项经费，为 308 所乡镇小学建立有线教育电视系统，为部分县中学建立多媒体计算机网络教室。[①] 由此观之，西藏教育信息化建设在外界的帮助下就其他地区

① 陈邦泽．西藏地区中小学现代远程教育发展研究．远程教育，2008，（4）：35-37.

而言已经走在前列。然而，令人遗憾的是，这些地区却因经济条件较落后无力承担电费、上网费等经费，不得不将这些资源束之高阁。

比如，内蒙古自治区。有研究者曾对内蒙古自治区 12 个盟（市）的 55 所蒙语授课中学的 66 名信息技术教师进行问卷调查[1]，调查中，这些教师反映最突出的问题是：多数教师熟悉使用的授课语言为本民族语言（占 74%），所使用的信息技术教材、一半为汉文教材、一半为蒙文版教材；而信息技术教学中使用的软件则是中文（或英文）版。教育者、受教育者、教材、软件四者语言、文字在教学中不能协调一致，给教学带来了一定的困难。此外，调查中一位在藏族中学任职数学的老师也这样说道："我们的教学教材是由普通数学教材翻译成藏文数学教材的，可是我们还没有水平把下载的课件也翻译成藏文课件，现有的双语类教学软件不是与文字教材不配套，就是与软件相配套的文字教材已不再使用。自己制作吧，学校又没有藏文处理系统，有一阵子，学校机房安装了藏文输入法，但没几天因为不兼容又被卸掉了。"[2] 种种困难逐渐击退了教师的教育信息化热情，各种信息化设备也因此从可用可不用慢慢走向了闲置。

再如，甘南藏族自治州。2007 年，有研究者曾对甘南藏族自治州 20 所学校的基础教育信息化现状作过调查。调查发现，被调查学校中，只有甘南藏族自治州合作一中、合作藏族中学和舟曲一中三所建有自己的网站。笔者通过对三所学校的走访及对学校主页的访问了解到，校园网站更新频率较低，学校主页上所提供的主要是有关学校宣传和管理的信息，如学校情况及校领导简介、学校新闻、学校政策和规章制度等，而直接与教学相关的网络教学资源、常用软件下载、信息技术技能培训课程、在线课程等资源较少。而大部分学校由于没有网络环境，无法获得网上丰富的教学资源。甘南藏族自治州民族教学信息资源多以传统的幻灯片、投影机、VCD/DVD 碟片居多，且大多是数年前配置的

---

① 贺希格吉雅. 内蒙古地区民族基础教育面临的挑战及应对措施. 内蒙古师范大学硕士学位论文，2006：6.

② 赵宏. 甘南藏族自治州基础教育信息化发展问题与对策研究. 西北师范大学硕士学位论文，2007：11.

常规媒体教学软件及近几年开展的远程教育工程项目配发的教学光盘。大部分学校没有利用卫星接收系统接收下载教学资源，即使是下载了也没有刻成光盘，无法用于教学。现有光盘与教材内容配套的并不多，对"双语"（藏汉双语）教学的学校更不适用，使得大部分教学光盘闲置，而"双语"教学资源尚未开发，仍是空白。学校自建教学资源库仍是空白，调查中发现几乎所有的中小学都没有建立具有校本特色的教学资源库供师生交流、学习。现有资源库主要是接收远程教育IP教学资源和购置的资源库。购置的资源库主要有K12中学教育资源库（完全中学版）、北京四中网校资源库、中央电教馆教学资源库等，而有能力购置资源库的学校仅仅是在城市有上网条件的学校。而且，受学生学习水平、教师教学能力、教材不配套、语言不通等客观因素影响，购置资源库的使用效率相当低，并没有真正发挥作用。

第三，优质资源缺乏。如前所述，各级政府投入了大量资金用于民族教育信息化资源建设，市场上也不乏各色民族教育资源库产品。然而，调查中却仍有很多教育者反映目前民族教育有效教育资源严重匮乏，现有的所谓民族教育信息化资源多实为毫无价值的垃圾资源。总体观之，真正适用于民族地区中小学需求的、高质量的教育信息资源还不多。尤其对于仍在实施"双语"教学和使用民族语言教学的少数民族地区而言，有针对性的小语种教育资源更是少之又少。例如，一位民族地区的老师说，她上一节信息技术与课程整合的公开课，通常要花30个小时的时间来准备。其中，大部分时间用来找学生能够理解的资源作为课件。

究其原因，笔者认为，一方面与资源建设技术含量不高不无关系。目前，很多教育资源多由一些软件公司或相关企业制作和运营，这些制作人员多有计算机专业背景而缺乏民族教育教学实践经验。他们对民族教育资源的特殊性缺少考虑，根本无法将适合于民族地区实际的教学理念、教学设计和教学模式融会贯通于资源建设中。大部分教育资源其实只是一些旧教材、网上图片、声音等文件的堆积，对教学缺乏支持、可用性差，也不符合实际的教学需求。另一方面与教育信息化的资源盲目建设不无关系。许多教育机构仅在信息化大背景下机械地移植他地的信息资源，并没有针对不同区域的民族教育信息化工作的特殊性进行长远规划，也没有及时、有效地指导学校或单位的民族教育信息化建设，更没有出台特殊的标准。各地政府、教育行政部门和各大中小学校重复投资建设资源，企图以数量指标博取上级表彰的情况十分严重。

从技术主义的观点来看，任何教育活动都是信息传递活动，教育的过程就是信息交互的过程。由此，信息资源就是教育系统最根本的资源。如若信息资源没有发挥作用流动起来，整个教育系统的正常运转也必然无从谈起。

第三节　应　用　环　境

有了硬件设施和信息资源这些基础条件之后，应用便成为教育信息化的主角。从某种意义上讲，信息化应用是教育信息化建设的根本出发点和直接目的，是教育信息化建设效益体现的关键环节。应用作为一种行为，有其发生的环境，环境的优劣与其应用效益密切相关。笔者认为，我国民族教育信息化应用环境涉及内部合作与外部保障两个方面。具体而言，内部合作环境所指为各级各类信息资源的共享、共建平台，外部保障环境所指为信息资源应用所必需的一些政策、法规。基于此观点，笔者将对我国民族教育信息化建设目前的应用环境构建问题略作阐释。

一、取得成就

基于一定的平台并在一定的政策法规和计划指导下，实现与其他地区数据和资源成果共享、进一步增进交流与合作，对提高民族教育信息化程度进而提升民族教育水平有着不容忽视的作用。我国教育信息化发展至今，在外部保障和内部合作两个方面的应用环境构建工作方面，已为后期推进奠定了一定的基础。

第一，外部保障环境构建。民族教育信息化的有效推进，需要一定的政策支持。一般意义上理解教育信息化政策，就是指国家在一定历史时期，为管理和发展教育信息化活动，为实现一定的目标而制定的方针、措施和行为准则。巴巴拉·希尔斯（Barbara B. Seels）和丽塔·里齐（Rita C. Richey）作为教育技术学定义的权威者，在《教学技术：领域的定义和范畴》一书中，详细地论述了教育技术学领域理论和实践的五个范畴——设计、开发、利用、管理和评价。该五个领域都涉及政策法规问题，尤其在利用范畴中。利用范畴的四个子范畴是媒体利用、革新推广、实施和制度化及政策法规，政策法规是其主要的构成内容之一。巴巴拉·希尔斯和丽塔·里齐对利用范畴中政策法规子范畴的描述如下：政策法规是影响教学技术的推广和使用的社团（和其他组织）的规则和行为。政策法规通常受道德和经济问题的限制，它们的产生是领域中个人或团体的行为及领域外行为的结果，它们对实践的影响比对理论的影响更大。①

政策法规是教育信息化理论具体化进而转化为现实的桥梁，也是保证教育信息化良性发展的重要力量。从某种程度上讲，教育信息化政策的建设水平能反映出一个国家对教育信息化的重视程度，能决定教育信息化宏观管理的导向和规范。教育信息化政策具有动态性强、时效性短、涉及内容广泛的特点。② 20世纪 90 年代以来，随着信息技术在各级各类教育领域中的广泛应用和深入发展，世界各国尤其是发达国家都相继制定了系列推进信息技术在教育中应用的政策和计划。比如，美国的"不让一个孩子掉队"教育改革计划、英国的"我们信息时代"、日本的"教育改革计划"等。在此大社会背景下，我国政府也基于国情制定了系列教育信息化政策，如《2006—2020 年国家信息化发展战略》《中小学计算机教育五年发展纲要（1996—2000 年）》《面向 21 世纪教育振兴行动计划》《2003—2007 年教育振兴行动计划》等。

发展至今，在党中央和各级职能部门的关心和指导下，当前我国教育信息

① 巴巴拉·希尔斯，丽塔·里齐. 教学技术：领域的定义和范畴. 乌美娜，刘雍潜，等译. 北京：中央广播大学出版社，1999.
② 宋莉. 发达国家教育信息化政策的发展及其启示. 内蒙古师范大学学报（教育科学版），2007，(2)：40-42.

政策方面的建设受到了国务院和教育部等政府部门的高度重视，在教育信息化规划、农村教育和课程改革等方面，取得了一定的成果，推动了教育信息化的建设与发展。但客观地说，发展至今，发达国家的教育信息化政策已日臻完善，而我国教育信息化由于起步较晚，教育信息化政策仍需进一步加强。具体而言，存在如下四个方面问题：①制定多，落实少。综观我国民族教育信息化政策，明显存在提出多、有效落实少的问题。很多教育信息政策都是以政府或领导人的"讲话"形式出现，讲话之后一时间引起强烈的反响，但过了一段时间便被冷却下来，政策执行与实际运作没有机制、体制、文件、法规的保障，实践效果也不甚理想。比如，《教育部关于启动实施全国中小学教师教育技术能力建设计划的通知》提出，以《中小学教师教育技术能力标准（试行）》为依据，争取到 2007 年年底，各省（自治区、直辖市）使绝大多数中小学教师……参加国家统一组织的教育技术能力水平考试认证。到 2010 年形成完善规范的中小学教师教育技术培训、考试、认证体系。但时隔很久后却有调查者发现，有的省（市）仍未启动教育技术能力培训，参加教育技术能力全国统一考试更无从谈起。[①]②质性多、量化少。从我国的教育信息化制定的政策总体来看，定性的目标很多但并没有具体量化的执行意见，往往以国家、省（市）或整个教育等整体规划形式出现，具体到教育信息化这一环节时却缺少专门针对教育信息化拟定的政策。③政策规划得多，但执行力度不够。④教育信息政策没有形成合力。一方面，这些教育信息化政策从执行结果来看有待完善之处仍甚多；另一方面，这些教育信息化政策缺少配套的政策与规章，缺少指导性强的中观或微观政策法规。最令人感到遗憾的是，我国基于民族教育信息化之特殊性专门开展的应用环境构建工作近乎空白。针对我国民族众多、发展层次各异的社会现实，笔者认为，制定适用的民族教育信息化政策法规是非常必要的。

第二，内部合作环境构建。鉴于本书中所使用的"民族教育"之"教育"为狭义之学校教育，此处所谓的内部合作环境也多从校校、校内角度考虑。

首先，从校校合作共享平台来看，我国民族教育信息化客观地说确实已开展了一定的工作。我国部分少数民族地区已经建成了基础教育资源网。图 3-1 为广西壮族自治区基础教育资源网，该平台提供教育资源检索、下载和资源应用经验交流等功能。所有注册的农村教师都可以根据教学和专业发展的需要在平台上检索相关内容。图 3-2 为青海省中小学教育资源网，该资源网上主要包含青海省基础教育教学资源库、青海省高中教育资源、小学现代远程教育资源和初中远程教育资源等。图 3-3 为宁夏数字化教育资源公共服务平台，该平台集成了幼儿、小学、初中、高中等各种教育资源，并进行共享。

图 3-1   广西壮族自治区基础教育资源网

除上述资源共享平台实例外，我国还有诸多少数民族省份和地区也在不断地充实各自的教育资源、筹建自己的民族教育资源库。另一种值得一提的数字资源共享平台是数字图书馆。数字图书馆实质上是一种多媒体制作的分布式信

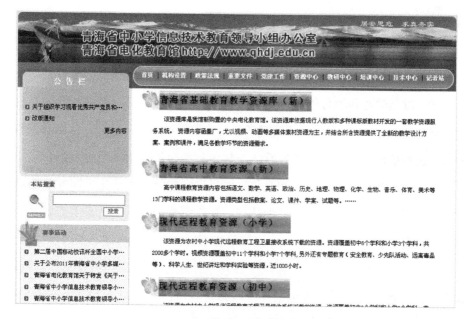

图 3-2　青海省中小学教育资源网

图 3-3　宁夏数字化教育资源公共服务平台

息系统。[①] 它用数字技术处理和存储各种图文并茂的文献，把各种不同载体、不同地理位置的信息资源用数字技术存储，以便于跨越区域、面向对象的网络查询和传播。构建一个数字图书馆，涉及信息资源加工、存储、检索、传输和利用等几个环节。通俗意义上理解，数字图书馆是一个虚拟的、没有围墙的图书馆，是一个基于网络环境下共建共享的可扩展的知识网络系统，是一个超大规模的、分布式的、便于使用的、没有时空限制的、可以实现跨库无缝链接与智能检索的知识中心。如今，数字图书馆系统对于高校来说已经是信息网络应用的重要一部分，大部分高校的图书馆已拥有其图书馆网站。通过该平台，读者

---

①　毛赣鸣. 图书馆隐性文化特质的历史演进. 河北科技图范，2015，28（2）：3-6.

不仅可以查询图书，还可以共享其电子资源、查询资料文献。然而，对我国中小学而言，数字图书馆还有待建设；尤其是少数民族地区，其构建仍尚待时日。

其次，从校内合作共享平台看，数字化校园建设值得一提。所谓数字化校园建设，就是学校和教育管理部门通过信息化手段，实现对各种资源的有效集成、整合和优化。① 其目的在于实现资源的有效配置和充分利用，实现教育和校务管理过程的优化、协调，实现教师与学生的教学过程与学习过程的优化，从而提高各种工作的效率、效果和效益。值得注意的是，数字化校园并非简单地等同于校园网络建设和应用软件的使用。真正意义上的数字化校园应该是一个综合的学习、教育和管理平台，它应该能让不同的参与者获得不同的参与感受，能够为所有的参与者提供实时性与个性化信息服务的完备的信息化应用系统。具体而言，数字化校园主要包括校园网站、多媒体网络系统、远程教育系统、教育资源库、数字图书馆系统及数据管理系统等几个方面。

校园网站建设是信息化时代每所学校应必备的基础。校园网站可以使校内师生随时随地了解学校各方面信息，与此同时，校园网站还是外界充分了解学校的良好平台。目前，我国上千所高等院校都已经建成了学校网站并开始投入使用；处在城市的中小学也已基本建成校园网站。而对于农村尤其是偏远山区、少数民族地区的中小学来说，由于网络基础设施建设的滞后，大多数学校还没有条件建设校园网站。

数据管理系统包括学生基础数据管理系统、办公管理系统及教学管理系统等。目前，在以局域网和校园网建设为主的高校和城市里的中小学，如教务管理系统、科研信息管理系统、财务管理系统等信息化管理系统都已经普遍开始使用。在少数民族地区，除少数城市的中小学外，多数中小学仍没有完备的信息管理系统。图 3-4 为青海省中小学信息化建设管理系统。

---

① 李卫民. 高校校园信息化门户系统的实践和探讨. 江西广播电视大学学报，2010，（4）：103-105.

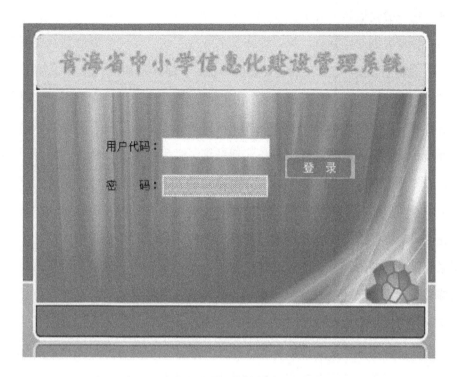

图 3-4　青海省中小学信息化建设管理系统

二、存在问题

我国少数民族地区地域广袤、交通不便、信息闭塞，师资队伍整体上质差量少；有限的教育资源缺乏整合，力量分散，重叠浪费现象严重；各种教育形式和办学类型缺乏沟通，优质资源难以共享，教师培训质量效益难以保障。基于此，笔者认为，充分借助信息技术独特优势，打破时空阻隔以利用和共享发达地区的优质资源，对于实现资源的优化配置以提高民族教育的整体发展水平，特别是加快民族地区基础教育的发展都会起到十分积极的作用。然而，综观我国民族教育信息化前期应用环境建设，以下三个方面是值得进一步完善的。

第一，功能完备的信息化应用系统缺乏。为改善教育管理功能而建立的教育管理信息系统分为宏观和微观两类。国家和地区的教育管理信息系统属于宏观的，它一般包括如下五个组成部分——人才信息库、教育资源库、教育规划模型、教育决策支持系统、教育行政事务管理系统。学校管理信息系统属于微观的，一般包含教育资源库、智能题库系统、学籍管理系统、校园一卡通系统、校园网网络管理平台、管理信息系统、教务管理系统、体卫管理系统、电子图书管理系统、学生成绩管理系统、教职工信息管理系统、办公自动化系统、校长办公系统、校产管理系统、财务管理系统、学生成绩分析系统、体卫分析系统、心理测评系统等几个方面。从全国范围来看，学生成绩分析系统、体卫分析系统及心理测评系统等决策性的应用系统普遍缺乏；从目前我国民族教育信息化应用环境构建情况来看，我国民族地区的大部分学校或教育部门所用的应用系统仅具其中的部分功能。总体而言，由于地域和条件限制、信息网络基础设施滞后，民族地区学校教育所需的、完备的、系统化的、特色的信息化应用系统仍有待进一步开发。

第二，应用环境服务功能较弱、共享性较差。按理来讲，教育信息化应用系统应重在服务。然而，在实际教育教学中，真正能够体现其服务功能的应用系统并不多。从校园网站建设来看，研究者曾对西南地区建有校园网的 49 所民族学校网站建设情况进行过调查，对于其内容丰富程度、满意程度和服务功能满意程度而言，大多数校园网站管理员、教师和学生认为网站内容"一般""不太丰富"或"不太满意"。[①] 此外，对于那些自成体系运行于校园网平台上的学籍注册软件、学分制选课管理软件、缴费管理、多媒体教室管理、网络课件开发、行政办公自动化办公等应用软件，以及学分制选课管理、缴费管理、多媒体教室管理、网络课件开发等软件，使用者在使用过程中也存有很多困难。这些软件在使用过程中，由校办、教学处、财务处、网络管理中心等业务部门分别负责管理与维护，数据自采自用并缺乏统一规划和标准。各部门所报送数据类型不一致的结局，使得相关业务部门工作效率较低、管理难以形成合力、共享性极差。

---

①　龚浩 . 西南地区民族中学校园网内容建设及影响因素研究 . 西南大学硕士学位论文，2010：6.

　　第三，校企合作缺乏。目前，我国已经有许多企业参与到校园网的系统集成、教学资源或教学软件开发和服务中，并相继推出了各种各样的校园网解决方案、教育教学支撑平台和管理平台等。从发展的角度看，校园网应用服务或教育信息服务成为未来教育信息企业的主流之一，必将很快涌现出一批校园网应用服务的提供商。然而，由于经济发展滞后，民族地区信息化过程中介入的企业较少。目前教育信息产业朝着如下四个方面发展：其一，企业的产品更趋专业化，许多企业会将自己的主要产品锁定在某一方面，而不是求大求全；其二，由于市场竞争越来越激烈，一些企业会走向联合或联盟；其三，产品功能的专业化会逐渐形成几条产品供应链；其四，企业分工的细化和企业联盟的形成会形成几条教育信息技术服务链。我国民族教育信息化后续的建设过程中，如何与企业高效合作进而实行共赢成了一个关键问题。

第四节　人才队伍

　　人是教育信息化中的主体，有了硬件设施、教育资源，还必须充分发挥人的主观能动性才能实现教育信息化的效益。于学校教育而言，教师是教学活动的执行者，对技术的有效应用起到关键的作用。因此，民族教育信息化建设进程中，当硬件、软件和网络等技术条件相对具备以后，若要发挥这些资源的教学潜能，还必须依赖于教师的贯彻和引领。基于此，我国民族教育信息化建设中的人才队伍培养是一个至关重要的问题。

一、取得成就

　　进入 21 世纪之后，为了使前期的硬件建设效益得以充分发挥，我国持续推进了系列教育信息化计划以促进信息化人才队伍建设。民族教育信息化的人才队伍培养也被囊括其中。下文以时间为序，对 21 世纪以来我国开展的教育信息化人才队伍建设工作稍加回顾。

2002 年 3 月，教育部发布了《关于推进教师教育信息化建设的意见》（简称《意见》），明确了"十五"期间教师教育信息化建设的指导思想、工作原则、发展目标和具体措施。《意见》指出，我国将在"十五"期间将信息技术教育列为中小学教师继续教育的重要内容之一，将通过各种方式对全体中小学教师进行一轮现代信息技术和教育技术培训，争取用 2—3 年时间有针对性地轮训一遍我国的中小学信息技术教育骨干教师和网络技术管理人员，以不断提高他们的业务水平和能力。其中，国家将重点支持中西部地区信息技术教育师资和管理人员培训工作。为了实现上述工作目标，教育部要求各级教育行政部门和师范院校既要解放思想、勇于开拓、大胆创新，又要实事求是、扎实稳妥、因地制宜。工作过程中，应注意以下四个问题：坚持统筹规划，突出重点；坚持资源共享，协同发展；坚持探索创新，注重应用；坚持政府引导，因地制宜。

2004 年 3 月，国务院发布了《2003—2007 年教育振兴行动计划》。该计划中明确指出，在未来时日，我国将全面推动教师教育创新、构建开放灵活的教师教育体系。首先，要通过"全国教师教育网络联盟计划"，促进"人网""天网""地网"及其他教育资源优化整合，发挥师范类大学和其他举办教师教育高等学校的优势，共建共享优质教师教育课程资源，提高教师培训的质量水平。组织实施以新理念、新课程、新技术和师德教育为重点的新一轮教师全员培训，组织优秀教师高层次研修和骨干教师培训，不断提高在职教师的学历、学位层次和实施素质教育的能力。其次，要强化学校管理人员培训，加快培养一大批高素质、高水平的中小学校长、高等学校管理骨干和教育行政领导，全面提高管理干部素质。将干部培训与终身教育结合起来，构建开放、灵活的干部培训体系。①

2004 年 9 月，教育部提出了关于加快推进全国教师教育网络联盟计划、组织实施新一轮中小学教师全员培训的意见。明确其后 5 年内全国教师教育网络联盟

①　中华人民共和国教育部 . 2003—2007 年教育振兴行动计划 . http//www. moe. edu. en/edoas/web-site18/info3338. htm[2004-2-10].

计划的主要任务如下：按照"面向全员、突出骨干、倾斜农村"的方针，组织实施以新理念、新课程、新技术和师德教育为重点的新一轮中小学教师全员培训；组织优秀教师高层次研修和骨干教师培训，不断提高广大中小学教师的学历、学位层次和实施素质教育的能力水平，促进教师队伍整体素质显著提高。

2004年12月，教育部印发了《中小学教师教育技术能力标准（试行）》（简称试行《标准》），首次对我国中小学教师应具备的教育技术能力作出了标准界定。试行《标准》分为"教学人员教育技术能力标准""管理人员教育技术能力标准""技术人员教育技术能力标准"三个部分，每一部分又分别制定了"意识与态度""知识与技能""应用与创新""社会责任"四个方面的细则。例如，在"知识与技能"的"基本技能"中，试行《标准》列举了掌握信息检索、加工与利用的方法，掌握常见教学媒体选择与开发的方法，掌握教学系统设计的一般方法，掌握教学资源管理、教学过程管理和项目管理的方法等。试行《标准》适用于中小学教学人员、中小学管理人员和中小学技术支持人员教育技术能力的培训与考核，推出后成了指导中小学教师开展教育技术培训与考核的基本依据。

《国家中长期教育改革和发展规划纲要（2010—2020年）》，明确提出"加快教育信息化进程"的发展目标。《纲要》指出，信息技术对教育发展具有革命性影响，必须予以高度重视，应把教育信息化纳入国家信息化发展整体战略。未来10年，我国教育信息化要力争实现如下目标：加快教育信息基础设施建设，到2020年基本建成覆盖城乡各级各类学校的教育信息化体系；加强优质教育资源的开发与应用，加强网络教学资源体系的建设并强化信息技术应用；构建国家教育管理信息系统，加快学校教育管理信息化的进程。此外，还要在教育信息化领域进行一系列重大项目和改革试点：提高中小学每百名学生拥有计算机的台数，为农村中小学班级配备多媒体远程教学设备；建设有效共享、覆盖各级各类教育的国家数字化教学资源库和公共服务平台；基本建成较完备的国家级和省级教育基础信息库，以及教育质量、学生流动、资源配置和毕业生就业状况等监测分析系统。

在上述教育信息化发展规划的指引下，2005年4月，教育部发布了《教育部关于启动实施全国中小学教师教育技术能力建设计划的通知》，启动了"全国中小学教师教育技术能力建设计划"（简称能力建设计划），并在 9 个试点省（市）率先实施。2007 年 8 月，教育部启动了暑期西部农村教师国家级远程培训计划，教育部时任部长周济发表重要讲话，要求充分发挥远程教育的特殊优势，大规模、低成本、高效益地培训教师；要进一步推进实施全国教师教育网络联盟计划；为教师终身学习提供有力的支持和服务；把集中培训和远程培训结合起来，创新培训模式，"人网""天网""地网"相结合，"农村中小学现代远程教育工程"三种模式相结合，努力提高教师培训的质量和效益。要采取有力措施，提高广大教师的应用信息技术的积极性和能力，努力使远程教育"班班通""堂堂用"，促进农村教育跨越式发展。

经过社会各界人士的共同努力，我国信息化人才队伍培养取得了一定的成就。"十五"期间，各级部门开展了大量以提高中小学教师信息技术能力为目的的培训活动，培训人次超过 1000 万。期间，教育部还启动了能力建设计划，促进了教师教育技术能力培训，增强了教师教育技术应用能力。后期，我国又实施了远程教育工程，举办教学光盘应用培训的同时开展国家级专家巡回培训，共培训农村一线骨干教师 2 万余名，并取得了很好的效果。

二、存在问题

近年来，为了适应社会信息化应用程度不断加深的人才需求，我国不断增强信息化队伍建设力度、扩大人才培养规模。仅以 2010 年学校教育为例，我国各类信息技术相关专业在校生人数就超过了 1000 万，毕业生人数达 500 万。建立了 37 所软件示范性学院，180 个国家计算机技术与软件应用技能紧缺人才培养培训基地和 9 个国家集成电路人才培养基地。[①] 然而，令人感到遗憾的是，人

---

① 方旭，李硕豪．《大纲》指导下的我国新时期教育信息化发展研究．兰州大学学报（社会科学版），2010，（38）：167-170．

才队伍数量与质量之间尚存在一定差距。有学者在对我国基础教育系统中的教师技术应用技能、技术应用态度和准备方面进行调查后发现，多数教师并没有具备基本的计算机应用能力，他们在职业发展过程中也没有获得足够的相关培训。[①] 笔者也对现居的民族院校教师信息素养进行过调查，结果也发现，当地人才队伍信息素养时至今日仍不容乐观。经过对若干实地调查结果的综合分析，笔者认为我国民族教育信息化前期人才队伍培养工作中，如下三个方面问题是值得关注的。

第一，目标定位问题。民族教育信息化队伍建设可通过校内培养、校外培训两条途径予以实施。然而，从目前情况看，从事民族教育信息化的人才无论数量还是质量都不能满足发展的需要。首先，校内培养的毕业生从事与专业相关的工作者较少。随着教育技术学科的发展壮大，越来越多的高校开设了教育技术学专业。但从调查结果看，教育技术学专业的毕业生进入教育领域从事信息化相关工作的人数却不多。如今，很多中小学的信息技术教育课程教师都是从其他学科转行过来的，很多学校或教育主管部门的管理人员缺乏专门的信息技术教育与培训。其次，接受校外培训的教师对培训效果认可度较低。调查数据显示，我国民族地区学校教师参加信息化培训学习的愿望总体来说比较强烈，但他们并不认可现有培训的效果。当问及"你是否愿意更多地参加技术整合方面的学习"问题时，64％的老师表示愿意参加更多的培训学习；当问及"学校或教育局组织的教育技术培训对你教授的课程是否有帮助"问题时，回答"非常有帮助"的仅占15％，回答"几乎没有帮助"的约占12％。[②]

究其原因，笔者认为与我国信息化师资队伍建设的目标定位不无相关。就校内培养而言，很多学校的教育技术专业培养目标定位不准，学生在操作技能上无法和计算机专业相比，而在教育理论上又无法和教育学专业相比，这使学

①　Song J，Liang G，Liu G，et al. Are teachers in China ready to teach in the 21st century? Journal of Technology and Teacher Education，2005，13（2）：197-209.

②　倪小鹏，李国芳.从教师角度考察我国基础教育信息化的状况和问题.基础教育，2010，（7）：63-80.

生在就业中缺少自信的同时也让用人单位对此专业毕业生重用程度甚低。长此以往，教育技术学专业学生就业陷入低迷状态，民族地区学校就业者近乎为零。从校外培训来看，按理来说，根据培训对象的不同适当安排培训目标是较为合理的。比如，对于管理干部，应强化其现代信息意识，要求其较熟练地掌握信息技术，学会科学地应用信息技术对教育教学进行管理，提高其对教育教学的指导水平和管理能力；对于信息技术教师，应要求其具有明确的信息意识和较强的信息收集、整理、转换和传播的能力。熟练使用与学习教学相关的工具软件。掌握远程教育的基本原理，掌握计算机网络技术，掌握一种编程语言和数据库知识；对于学科教师，应注重其了解信息技术的发展现状及趋势，要求其具备计算机软件、硬件的基础知识，掌握常规教学媒体和计算机的基本操作，会使用网上信息资源备课和进行课堂教学，能够利用信息技术进行课堂教学，并能够对信息技术进行研究，写出有关信息技术教育的论文、经验总结等。而对于网络管理人员，应要求其能够熟练掌握计算机原理和计算机网络技术，具有网络维护、排除一般故障、保证网络正常运转的能力。[①] 然而，综观目前的培训，培训者多将培训重点定位于"用"之上，在单方面强调技术操作层面培训之时忽略了受训对象因工作岗位差异而存有的不同需求。

第二，培训模式问题。为了解决民族地区教育信息化人才队伍稀缺的问题，不少学校开展教师信息技术培训。其中，不乏将其与评职称挂钩的案例。从计算机考核通过率不断上升的表象看，教师通过培训后能力应确实得到加强。然而，事实却是，考试通过之后，教师所采用的教学方式和教学手段依然如故，真正的"驾驶员"还是没有上岗。

究其原因，笔者认为这个问题的出现与培养模式密切相关。综观目前校内外信息技术人才队伍培养模式，多受其他学科教学模式和方法的影响而采用讲授法，强调计算机工作过程、原理和基本操作常识等知识的传授。从某种程度

---

① 宗敏．湖北省农村中小学教育信息化发展策略研究．华中师范大学硕士学位论文，2005：21．

上说，这已经背离了信息技术课程实践性、操作性强的本质特点，缺少应用背景，为知识而学的教学方法必将影响受教育者对信息技术课程学习的积极性和主动性。由于培训内容对于如何从因特网中筛选信息、如何通过网络进行有效学习、如何培养学习者的自律意识等方面实践性内容的教学极少，信息技术教育课呈现出严重的"重教轻育"现象。受教育者面对泥沙俱下的网络信息大潮之时，往往会感到不知所措，进而产生数码焦虑、智能荒芜、价值迷失、人格异化和人机交往中的社会化障碍等一系列问题，不知不觉中陷入网络"信息陷阱"而无法自拔。长此以往，受教育者由于沉迷于网络而学习倦怠、身心疲倦、思维迟钝。继而，便会出现某些学校把建好的网络教室空置不用、购置的设备闲置、要升学的班级不再开设信息技术课的局面。① 近年来，美国教师教育学院协会（AACTE）经过研究认为，要达到有效技术整合，教师必须具备教育技术、教学法和课程内容三方面相关联的知识结构。② 基于此，笔者认为教师在培训中单纯接受计算机素养训练是不够的，他们更需要融合教学内容和教学法的技术应用训练；在培训中，除强调信息技术的使用外，还应加强教学法和教学设计方面的训练。毋庸置疑，开展这些内容的培训仅靠传统的讲授法是无法完成的。

民族地区教育信息化后期进程中，为了快速提升人才队伍质量，必须尽快进一步深化信息化人才培养模式改革，大力推进多层次、复合型、实用型信息化应用人才培养。立足民族地区经济发展教育落后的现实，一定要把校本培训和自上而下的培训相结合，在充分利用各市（县、区）的现代远程教育网络资源基础上，根据教师的能力水平、教学需求、时间及经济承担能力等情况采用不同的培训方式。具体而言，可包括集中培训、分散培训、重点培训、分层培训等多种培训模式相结合的方式。此外，培训过程中，还应根据学科、学段、

---

① 倪小鹏，李国芳. 从教师角度考察我国基础教育信息化的状况和问题. 基础教育，2010，（7）：63-80.

② American Association of Colleges for Teacher Education. 2008. The Handbook of Technological Pedagogical Content Knowledge for Educators. New York：Routledge/Taylor & Francis Group.

教师信息技能水平的差异科学地选择不同的培训模式，做到真正将现代教育理论、信息技术基础知识与技能方法、教学软件的设计与制作、信息技术与课程整合的原理、教学设计与教学方法、信息课程与道德修养等内容融为一体。

第三，效果评价问题。综观我国信息技术队伍建设，目前并没有形成一个比较明晰的、统一的培训和考核要求。该问题的存在难免使得部分培训机构、培训者，以及受训者存在随便应付、走过场的不良现象。基于此，笔者认为，在确立构建一套科学、合理的质量监督体制前提下，尽快制定一套合理、实用的培训考核评价体系，对教师培训的效果给予绩效评价极为重要。唯此，才会促使教师在终身学习理念指导下，积极自我发展以提升自身信息化水平，更好地为教育教学改革服务。与此同时，也才会使各级各部门用于提升信息技术队伍水平的资金效益发挥到极致。

回顾我国教育信息化发展至今的 20 余年历程，民族教育信息化作为其中的组成部分也取得了一定的成就。总的来说，这些前期奠定的物质和人才基础是其后期继续推进不可或缺的条件；但不可否认的是，特殊性的缺失导致的系列问题必须成为后期推进必须关注的焦点。否则，民族教育信息化将在无视其特殊性之后丧失其实效性。

第四章

民族教育信息化资源建设探索

　　信息资源建设是人类对处于无序状态的各种媒介的信息进行有机集合、开发、组织的相关活动。信息资源的核心要素即信息，对信息资源的开发和利用是信息资源建设的必要前提，对信息进行收集、整序和存储是信息资源建设的主要内容，通过信息资源建设最终形成信息资源。我国民族教育信息化建设过程中，资源的开发与利用是必要前提，经过收集、存储形成可用的信息库是最终目的。

　　开发与利用成为必要前提，并与资源的特性密切相关。所谓资源，一般是指在一定历史条件下能被人类开发利用以提高自己福利水平或生存能力的、具有某种稀缺性的、受社会约束的各种环境要素或事物的总称。[①] 资源的根本性质是社会化的效用性和对于人类的相对稀缺性，两者均依赖人类的需求而成立。[①] 从此定义中，我们可以知道资源价值的体现是基于人类的开发行为之上的。有了开发才会有利用，有了利用才能谈价值。无论何种资源，都符合该原则，我国民族教育信息化过程中涉及的信息资源同样如此。一方面，如若缺乏使基础设施正常运转的信息资源开发环节，整个民族教育信息化的投入都将白费；另一方面，开发的信息资源如果未能达到物尽其用、人尽其能的目标，民族教育信息化的战略价值也将难以体现。建库是民族教育信息化资源建设的最终目的，则与信息资源的特性无不相连。信息资源之所以被人们所重视，是因为它本身所蕴含的内容实质有利于消除人们生产活动中的不确定性，有助于人们进行决

---

① 明文钦. 民族文化教育资源个性化服务研究. 云南师范大学硕士学位论文，2013.

策，减少生产活动中其他物质资源、能源的损耗，降低成本，节省开支，提高效益。从系统论的观点来考察信息资源，它只有按照一定的原则加以配置其中各要素并最终组成一个系统，才能发挥其最佳效用、显示其价值，而这种价值的大小又在很大程度上受上述诸要素的配置方式和配置效率的影响。简言之，信息资源必须经由系统组合后才能真正发挥其效能。

　　然而，开发利用也好、存储建库也罢，其间都首先存有一个选择问题，它将直接决定操作对象并最终影响民族教育信息化的最终效益。因此，笔者认为，我国民族教育信息化资源建设中，除开发、利用、建库是三个具有研究价值的问题外，选择也是一个极其重要的议题。基于此，本章以此三个主要问题为核心，对我国民族教育信息化资源建设问题略作探究。

第一节　资　源　选　择

　　民族教育信息化建设中开发的资源，无疑应是符合民族教育需求的教育资源。所谓教育资源，一般来讲，统指教育实践中所需要的各种资源。有学者认为，此类资源[①]可分为九类，即人力资源、财力资源、物力资源、学科与专业资源、信息资源、科技资源、社会资源、声誉资源、文化资源。[②] 而所谓的民族教育资源，是指从某一民族或族群广泛的文化资源中，根据一定的原则和方法筛选出具有教育价值和意义的资源。对此类资源进行一定加工并纳入基础教育系统中进行配置和建设后，可达到保存资源、传承民族文化、培养具有跨文化精神和运作能力个体的目标。要达到此目标，其间遵循一定原则和方法进行的筛选过程至关重要，如若该前提性工作筛选出来的资源未能体现其特色，传承文化、培养人才将无从谈起。

[①]　孔凡士. 教育信息化资源开发与利用. 北京：科学出版社，2008：17.
[②]　明文钦. 民族文化教育资源个性化服务研究. 云南师范大学硕士学位论文，2013.

一、选择略论

"选择"是一个歧义纷繁的概念，人们常常在不同角度、不同层次上予以使用和理解。[①] 从使用层次来讲，大概有常识、科学、哲学三个层次。"日常生活层次上的选择有选购商品、选用衣服、选择恋爱对象、选用交通工具之类的精心的有意选择，也有见水渴、见饭饿等条件反射式的本能选择；科学水平上的选择既有一般科学所讲的自然选择、理论选择、行为选择、社会选择、价值选择等，也有横断科学所讲的信息选择、反馈选择、性质选择等；哲学层次上的选择既有物质选择，也有自由意志的选择。"[②] 而对"选择"本质的理解，更是至今争论不休的一个议题，概括起来可以分为三种。"一种强调选择是主体性的实现，即主体决定论。如'选择是主体目的性的行为'，'选择是主体在诸多可能性范围内收缩自由度、进行筛选和自主抉择的过程'，'选择是使可能变为现实的主体性创造行为'等。一种强调选择的客体决定作用。认为，人的活动只能实现外在必然性，具有不以人们的意志为转移的客观性，因此并没有任何自主选择的余地。选择是主体客体化的过程。再一种强调选择是主体与客体的二元决定论。认为，选择既是主体性的表现，又受客观条件的制约，它是主体与客体共同决定的。"[③] 而在主体决定论、客体决定论、主客体共同决定论之下，又可根据不同的角度划分为不同的选择。由于上述两个方面的原因，"选择"至今难觅一个精确、认可度高的概念。[①]

既然如此，唯有对其词源予以考辨方能有助于我们对其进行客观理解和分析。古汉语中，"选"与"择"多不联用、各表其意。"选"是"選"的简体字，《说文解字》中的解释是："選，遣也。從辵、巽。巽遣之，巽亦聲。一曰選擇

---

① 梅英，李红军. 民族地区基础教育信息化资源闲置的理性反思. 广西广播电视大学学报，2011，22（2）：53-57.

② 王振武. 开放的选择——选择学引论. 北京：生活·读书·新知三联书店，1990：11-16.

③ 孙万鹏. 选择学. 济南：山东人民出版社，1992：3.

也。"徐灏注笺："'巽遣之'者，《释名》'巽，散也'，散遣之也"。① "择"是
"擇"的简化字，《说文解字》中的解释是："擇，柬選也。從手，睪聲。"② 而
"柬"在《说文解字》中的解释为："柬，分別簡之也。從束，從八。八，分別
也。"王筠释例："柬字從八，而八不在外者，於束中柬擇之，不可於束外柬擇
之也。"③ 因此，从其原意来看，古汉语中"选"和"择"二者中，"择"之意和
如今所用"选择"之意更为贴近。④ 英语中表示在多者中进行选择的"select"
来源于拉丁文"seligere"，其意为"to sort"，即"se- apart ＋ legere to
choose"⑤，表"分别、挑出、拣选、区分"之意。从上述相关材料看，无论古
代汉语的"择"还是拉丁文的"seligere"，均含有主体根据一定的标准对他者予
以分别然后拣选的意思。汉语的"择""从手"的特点更将此意思表述得淋漓尽
致，主体通过身体器官和他者发生直接接触；"柬"的"分别简之也"也表现了
此种直接的关系过程。⑥ 因此，不论"选择"在现今使用意义和理解上存在多少
歧义，笔者认为，根据辞源之意，选择就是两个事物发生直接联系的过程，选
择的结果和选择的主体所持的价值标准密切相关，是一种主体性极强的行为。①

选择可以分为单向选择、双向选择、双逆选择三种。单向选择具有如下特
点：第一，参与选择的二者之间的关系由其中一方决定，决定关系的一方是选
择作用的发出者也是结果的裁决者。第二，参与选择的双方在身份和作用上是
固定的，主体永远是主体，客体永远是客体；主体是决定者，客体是被决定者；
主体是能动的、自由的，客体是被动的、受限的。从前述选择的意义来讲，单
向选择实际上只是占主导地位的一方发生了选择的行为，处于接受的一方没有
任何选择行为的发生。双向选择具有如下特点：第一，二者的关系由双方共同

① 汉语大字典编辑委员会. 汉语大字典. 成都：四川辞书出版社，1986：3886.
② 汉语大字典编辑委员会. 汉语大字典. 成都：四川辞书出版社，1986：1969.
③ 汉语大字典编辑委员会. 汉语大字典. 成都：四川辞书出版社，1986：1179.
④ 梅英，李红军. 民族地区基础教育信息化资源闲置的理性反思. 广西广播电视大学学报，2011，
22（2）：53-57.
⑤ 陆谷孙. 英汉大词典. 上海：上海译文出版社，2007：1807.
⑥ 梅英，李红军. 略论民族地区农村基础教育信息化建设的资源选择机制. 昆明学院学报，2012，
34（3）：79-82.

决定，是动态的；第二，双方均以双重身份和性质出现，既是选择者，又是被选择者；既是自由的，又是受限制的；既是能动的，又是受动的。主客体的位置随选择方向改变而改变。[①]在正向选择中，A 对 B 予以选择，此时 A 是主体 B 是客体；在反向选择中，B 对 A 予以选择，此时 B 是主体而 A 是客体。第三，选择结果动态发展。选择的结果并非一次得出，结束一次双向选择后，双方根据对方的选择需求规约和调适自身，然后开始新一轮的双向选择。双方在相互规约、相互调整的过程中通过"不平衡—平衡—新的不平衡"实现更优的选择，直至外界环境终止选择过程。双向选择中，参与的双方的主体性都得到了发挥，双方都发生了真正意义上的选择。[①]双逆选择具有如下特点：第一，二者发展的方向自始至终都和对方相逆，A 的状态始于不能成为 B 的选择且一直沿着该方向发展，B 的状态也始于不能满足 A 的选择且继续沿着该方向前进；第二，二者之间始终存在距离且越来越远，最终走向分离，没有建立关系的任何可能性。此种选择实际上是双方都未曾发生真正意义上的选择，因为对方均没有满足选择对象的要求而被淘汰，选择未曾开始就走向了终止。单向选择只会使系统失去活力，因为选择的一方没有任何主体性，这导致了始终占据主导地位的一方根据需求优化的可能性极小甚至没有。而双逆选择最终使双方走向分离，对于系统的发展而言将无任何促进作用。[①]

二、资源建设困境

上文述及，2003—2007 年，我国政府已耗资过百亿实施了"农村中小学现代远程教育工程"，拉开了农村基础教育信息化建设的帷幕。期间，西部地区农村中小学以政府投入为主，至 2009 年基本完成了预期的建设目标。硬件建设期结束后，"农村中小学现代过程教育工程"应用效益评估成了各级政府关注的焦

---

① 梅英，李红军. 民族地区基础教育信息化资源闲置的理性反思. 广西广播电视大学学报，2011，22 (2)：53-57.

点，也成了研究的热点。然而，诸多评估结果表明"农村中小学现代过程教育工程"并未达到预期的应用效益。西部地区由于后续资金短缺、技术人员较少、教师教育技术能力低下等客观因素的制约，资源闲置问题尤为突出。在民族地区农村中小学，设备闲置的成因除了上述几个共性问题外，资源不适用导致设备不实用是另一个主要原因。调查发现，该问题无论在西北地区还是在西南民族地区都普遍存在，只是目前被农村中小学基础教育信息化起步阶段存在诸多共性问题所淹没，未能得以重视。①

从现实境遇看，我国民族地区农村中小学大多处于边远山区，由于受外界影响较少，这些地区大多经济条件不好、民族文化保留得较为纯正。长期以来，学校教育需要直面的两个问题就是学生学习中的语言障碍和民族文化差异。在民族地区农村小学，语言是学生入学后遇到的第一障碍。低年级的小学生常常会因与教师、同学无法交流而辍学。语言习得是民族地区农村中小学基础教育的首要问题。然而，民族地区双语教学的实效性至今仍是难以解决的难题。民族地区农村中小学的许多学生小学毕业后才学会讲汉语、写汉字，解决语言障碍问题占用了民族地区农村基础教育教师和学生的大量时间和精力。客观分析，这一方面源于语言的产生和使用与特定的社会生产、生活、需要、物质基础相关，枯燥的辞藻背诵无法与现实相连，学以致用的效果自然低下；另一方面，从语言习得的角度讲，该阶段的学生已经渡过了语言习得的黄金期，母语与其拥有的知识体系之间已经建立起了牢固的联系，改变需要一定的时间且较为困难。加之，民族地区农村中小学教师具备的知识能力大多与国家要求存在一定的差距，教法单一且发音不标准，双语教学中，经常出现"教师教的学生听不懂，学生说的教师听不懂"的尴尬局面，这无疑加重了学生理解的负担。语言是沟通的前提，交互是学习的基础，语言障碍的存在导致沟通不畅，并最终对学习效果产生了影响。因此，民族地区农村基础教育中使用的教育资源，应尽

① 梅英，李红军．略论民族地区农村基础教育信息化建设的资源选择机制．昆明学院学报，2012，34（3）：79-82.

可能排除语言障碍，从易到难，使学生尽量消除畏难心理。除此之外，民族地区农村中小学如前所述，因其"农村"特点使得"民族"性较为突出，主流文化和各民族文化之间的差异也常常使得教育资源选择存在难题。比如，在西南民族地区，很多民族在日常生活中与狗如影相随，文化读物中放狗咬人、打狗、药狗之类的实例在他们看来无法理解。再如，对虎崇拜的民族，武松打虎在他们看来不可理喻。其他诸如饮食文化、审美文化之间存在的差异更是不胜枚举，强迫民族学生接受禁忌之物有时甚至会带来冲突。因此，民族地区基础教育资源在可能的情况下，需要考虑该地民族宗教信仰的特殊性，尽量避免文化冲突。①

然而，"农村中小学现代过程教育工程"实施后，东部城市的课堂教学资源以原貌进入了民族地区农村中小学，民族地区农村中小学的孩子和东部城市的孩子使用的是相同的教育资源，并无语言、文化之别。基于民族地区农村中小学学生语言障碍现实开发的教育资源仍旧甚少。即使在西北民族地区，民族成分相对单一、居住较为集中，教育资源的翻译、推广具有一定的可操作性，其民族语化的农村基础教育信息化资源为数不多。在民族杂居的西南地区，各民族多为小语种民族，语言背景复杂。在这样的情况下，农村中小学拥有民族语的教育资源更是奢谈。综观目前基础教育信息化资源现状，文化取向单一、以主流文化为准，民族文化差异性体现空间甚窄的特点也极为突出。在文化排斥性客观存在的情况下，这样的资源在民族地区农村中小学受到师生欢迎的可能性甚小。在民族地区农村中小学师生还在为语言习得努力之时，以城市文化为背景、以主流文化为特色的资源注入了教育领域，并予以强势推进。这些资源在使用之初，师生热情极高。一段时间后，却出现了两个问题：低年级学生由于语言障碍存在，听不懂、看不懂"农村中小学现代过程教育工程"提供的现成课件；高年级学生由于宗教信仰等原因，使用教育资源过程中出现了文化认同冲突。加之，资源中大量充斥的城市文化使得农村孩子和教师产生了被边缘

① 梅英，李红军．略论民族地区农村基础教育信息化建设的资源选择机制．昆明学院学报，2012，34（3）：79-8．

化的心理，难以续增使用热情。上述障碍的存在，致使民族地区农村中小学学生对这些教育资源不感兴趣甚至产生了抵触情绪，教师在教育教学中也只能面对学生不感兴趣的现实而放弃继续使用。加之民族地区经济条件落后、设备使用和维护经费短缺、管理人员岗位未能落实等现实困难迟迟未能解决，工程进入应用期后遇到了许多后续困难，"农村中小学现代过程教育工程"设备闲置也因此成了民族地区农村中小学普遍存在的问题。①

人是符号的动物，人创造了符号，符号同时也在塑造着人。从某种意义上讲，当两个群体使用相同的符号时，其生活是交叉在一起的。农村与城市、各民族拥有不同的生活方式，表象其生活、塑造其个体的符号系统必然存在差异。将东部城市教育资源简单移植、复制到民族地区的农村中小学，必然缺乏生存的文化土壤。教育资源为教育服务，不能满足教育需求的资源被遗弃是一种必然。同时，目前农村基础教育信息化的定位就是传输资源，当资源未被教育者选择之时，设备的闲置也就成了一种必然。①

三、资源建设单向选择误区

资源建设就是建设者对资源予以选择整合的过程，如果有特定的使用对象，开发必须基于对象需求进行。为了保证开发出的资源具有实效性并不断得以优化，使用者和建设者作为资源建设的两个主体必须保持反馈互动。民族地区农村基础教育信息化资源建设过程中，建设者和当地教育者是并列的两个主体，二者在资源建设中地位平等，资源选择的最终结果基于二者的共同决定作出。就我国民族地区基础教育信息化的现实境况分析，在资源建设过程中，建设者和教育者两个主体有着不同的资源选择意向。建设者对资源作出的选择代表了国家的统一要求、代表了教育发展的应然方向，教育者对资源作出的选择则代

---

① 梅英，李红军．略论民族地区农村基础教育信息化建设的资源选择机制．昆明学院学报，2012，34（3）：79-82.

表了地方的多样性需求、代表了教育发展的实然目标。共性与个性、理想与现实、社会与个体之间的矛盾，在民族地区基础教育信息化开发中并存。而资源的最终选择只能基于当地基础教育信息化"最近发展区"的现实进行，这是一种高于当地教育发展水平而不脱离其文化现实的状态。要使资源适用，建设者必须了解教育者的现实境况和当地的教育需求；要使民族地区农村基础教育得到发展，教育者必须根据时代发展所需的资源要求完善自我。因此，建设者对资源的选择和应用者对资源的选择在民族地区基础教育现实中调和，并由建设者最终以代码形式将双方共同选择的结果表现出来。在不断的反馈和互动过程中，资源得以优化、教育得以发展。只有这样，才能在保证资源适用性的同时，促使教育者教育技术能力提升，为其最终成为资源建设者奠定基础。①

　　然而，客观地说，民族地区农村基础教育信息化拥有的资源并未按上述机制予以开发。资源建设者为全国各地区、各级各类的教育者提供了统一的东部城市教育资源，无东西、城乡、民族、师生之别。"东部建库，西部修路""东部资源西部用"，从某种程度上讲，民族地区农村基础教育信息化甚至未曾出现真正意义上的资源建设，所做的仅仅是东部城市教育资源的简单移植和复制。将这些现成的教育资源注入民族地区农村中小学的过程中，当地教育者进行具有主体性的资源选择环节是缺失的。民族地区农村基础教育信息化资源建设、推广中仅存建设者一个主体，其资源选择意向成了资源选择的结果，教育者的资源选择意向对建设者的资源选择、最终的资源选择毫无影响。①

　　"农村中小学现代过程教育工程"前期资源建设过程中，教育者资源选择主体地位的缺失，源于建设者认为自己能代替教育者作出选择。然而，这只是一厢情愿的想法。选择是一种主体性行为，他者无法替代主体作出属于主体的选择。他者替代主体作出的选择从根本意义上说并非主体的选择，仅为他者的选择，其结果未必最终会被主体所接受。这是由"选择"的词义决定的。无论古

---

① 梅英，李红军．略论民族地区农村基础教育信息化建设的资源选择机制．昆明学院学报，2012，34（3）：79-82.

汉语的"择"还是拉丁文的"seligere",均含有主体根据一定的标准对他者予以分别,然后根据一定的标准进行拣选的意思。"择"从属手部的特点更将此意思表述得淋漓尽致,主体通过身体器官和他者发生直接接触并予以择取。根据其词源,选择是主体与他物发生直接关系的过程,是一种主体性行为,非他者可以替代。因此,建设者在资源建设过程中仅能作出自己的选择,替代教育者作出选择是无法实现的。教育者在资源建设环节中未能作出自己的资源选择,当教育资源进入教育领域后,教育者在规定的教育选择权限内依据现实的教育需求作出了自己的选择。如前所述,其选择代表的是教育发展的实然需求,教育者的选择只能基于教育现实进行,"能否方便教学""能否被学生接受"就是其对教育资源予以取舍的标准。社会、经济、文化、学生个体素质差距客观存在,教育者认为提供的资源"学生看不懂""不能现成使用""操作起来很麻烦""需要耗费时间精力去研究",并从内心作出拒斥的决定。[①]

事实证明,教育选择必须是一种双向选择,资源建设者在资源建设环节无视教育者的主体性仅是延迟了教育者作出教育选择的时间而已,教育者最终在资源应用环节作出了自己的资源选择。然而,选择的时间延迟却带来了建设的浪费,选择的分离最终导致了分离的选择。从机理上看,正是单向选择中建设者和教育者之间没有互动反馈,资源选择未能中和,从而使资源选择优化丧失了最好的时机。[①]

四、资源建设双向选择模式

教育资源海量存在和适用资源短缺、教学媒体短缺和设备闲置不用对立并存,是目前民族地区农村基础教育信息化发展现状的缩影。客观分析,前述的资源建设误区是可以避免的。首先,若将设备功能定位为传输资源,当接收方认为所传

---

① 梅英、李红军. 略论民族地区农村基础教育信息化建设的资源选择机制. 昆明学院学报,2012,34(3):79-82.

输的资源无价值之时，中断传输、闲置设备是一种必然。其次，我国东西部之间、城乡之间、各民族之间差异显著，教育资源简单移植必定以失败告终，这也是显而易见的因果链。然而，实践还是进入了误区。无视资源在统一性之下的特殊性需求、无视资源使用主体的资源选择作用而简单移植资源，且客观的资源应用效益评价方案至今难觅。更值得深思的是，即使面对资源不适导致的设备闲置现实问题，资源建设者仍未能对资源选择予以调整或客观评价其所选择的资源价值，而是通过肯定资源价值进一步肯定其单向选择行为。借助决策者的力量，"农远工程"的资源评价以有资源必用、用资源必出效益的理念为指导，硬性规定教师每周使用设备必须达到规定课时，采取"自上而下"的应用效益评价体系。如此，应用者在资源建设中的资源选择权被忽略后，应用过程又因反馈环节缺失而丧失了为资源优化提供作用力的机会，资源建设的优化可能也随之消失。①

由此观之，民族地区农村基础教育信息化资源建设的前期工作中，建设者单向选择教育资源后的主体定位理念更值得反思。建设者只看到自己对资源的单向选择，认为选择结果可由自己单方决定，资源建设中脱离教育者的现实需求，应用中仅将教育者视为无条件接受资源的绝对客体。在整个资源建设和推广过程中，仅强调客体向主体的转化、运动，而缺乏主体向客体的转化、运动，二者之间处于一种分离状态。在这样的主体定位理念下，行动中执著于基于经验的效益因果链、执著于自身价值目标的实现。资源开发过程中，无视各地区社会、经济、文化的差异，固执地秉承"东部资源西部用"的理念，采用简单移植、复制的资源推广模式。资源应用过程中，要求客体有资源必须用、无条件用、必须出效益，并在此假设基础上进行一刀切的量化评价，甚而将不科学的评价成果作为效益展示的依据、作为工程进一步推进的决策依据。①

以建设者为主体的单向选择资源建设模式在教育领域注定失败，民族地区农村基础教育信息化后期的资源建设，需要将资源建设基于交互的双向选择之

---

① 梅英，李红军. 略论民族地区农村基础教育信息化建设的资源选择机制. 昆明学院学报，2012，34(3)：79-82.

上。因为建设出的资源最终将应用于教育中。教育作为一种文化活动，其构成由外至内遵从"物质—制度—精神"的顺序，教育观、教育思想、教育目的的形成受制于现实的物质和制度；而其运转则遵从由内至外的原则，即教育制度、教育内容、教育方法、教育媒体的选择均围绕既定的教育目的进行。一切潜在的资源均可以作为教育选择的对象，但最终能否成为选择的结果只能取决于该民族社区生活的需要。民族地区基础教育的存在和发展受限于当地的物质和精神文化背景，教育制度、手段、内容、方法等的选择只能基于现实进行。资源建设唯有基于"农村""民族"进行，唯有基于教育者的需求进行，才能实现教育资源的教育价值。如果在资源建设过程中建设者不能直面教育者的资源选择权力，不能将资源建设基于需求开展，所开发的资源也必将因不适用而在其后的教育选择中被淘汰。这是由教育"为人"和"人为"的特点决定的。因此，能否实现教育者资源选择主体地位的回归是后期资源建设是否具有实效性的关键。如果我们继续秉承前期的资源建设单向选择态度，则建设者的选择不适合应用者，应用者的选择也不适合建设者，只会导致资源建设者和应用者之间的距离越来越大，并最终走向解体。如果资源建设者在资源建设中无视教育者的主体地位，将其视为被动接受的客体；在其后的教育选择中，建设者也将被动接受教育者的选择结果。[①]

　　民族地区农村基础教育信息化的资源建设强调双向选择机制。原因之一，这样的选择机制使得资源选择优化得以保证。在资源建设阶段，将资源选择调和、优化，避免不适合的教育资源进入教育应用阶段造成教育浪费局面的出现；在资源应用阶段，二者的平等互动又继续推动新的优化循环。如此，系统的活力和可持续发展也就成了现实。原因之二，这样的选择机制才能调动教育者的发展积极性。主体与主动相连、客体与被动相关，教育者只有通过在资源建设、应用中和建设者积极互动，了解时代发展的信息素养需求，意识到改善自身能力现状的紧迫性，才会改变目前等待、观望的态度。民族地区农村基础教育信

---

　　① 梅英，李红军．略论民族地区农村基础教育信息化建设的资源选择机制．昆明学院学报，2012，34（3）：79-82.

息化的资源建设强调建设者和教育者双主体并存的双向选择资源建设模式，原因在于这样的主体才能使系统具备活力、实现可持续发展。当资源建设基于双向选择之上时，建设者和应用者之间的关系由双方共同决定、动态变化。当建设者根据应用者需求调整自己行为时，应用者是主体，建设者是客体；当应用者根据建设者的要求规约自我时，应用者是客体，建设者是主体。双方均以双重身份和性质出现，既是主体，又是客体；既是自由的，又是受限制的；既是能动的，又是受动的。由于二者的关系是动态的，资源选择结果就是可变的，资源建设便处于不断优化和发展中。基于双向选择的资源建设，建设者和应用者的主体性都得到了发挥，双方都发生了真正意义上的选择，二者之间是一种平等、交互的主体关系。在资源建设过程中，两个主体之间不断限制和规约自身以适应对方，其他发展的可能性在此过程中因为不符合优化要求而被舍弃，系统也就从而拥有了活力。[①]

这样的主体关系在民族地区农村基础教育信息化不同时期，可以有不同的表现方式。在民族地区农村基础教育信息化建设初期，由于教育者的教育技术能力偏低，资源选择结果的代码表现任务只能由建设者完成。此时，建设者是双主体中的主导。资源建设过程中，建设者在以社会发展同一需求为资源选择标准的同时，以教育者利益表达为资源个性建设的依据，尊重民族地区农村的差异性和特殊性，在统一要求的多样性并存的原则下调整资源建设的目标、内容和模式。资源应用推广后，在教育者反馈的基础上，使用客观的资源应用效益评价体系对资源选择结果予以评价，并作为后期资源进一步优化的依据。民族地区基础教育信息化经过一段时间的发展后，硬件、软件资源基本完备，教育者也通过前期的互动反馈提升了自身的教育技术能力，学习积极得以激发。此时，民族地区基础教育信息化资源建设便可以由此转为以教育者为主导的建设阶段，由基层的教育行政机构（如教研室和电教站）出面组织，采取以教师建设为主、购买为辅，分步建设、各校共享的资源内容建设模式。这样的资源

---

① 梅英，李红军. 略论民族地区农村基础教育信息化建设的资源选择机制. 昆明学院学报，2012，34（3）：79-82.

建设模式，首先可使快速、系统的建设直接支持一线教学的优质教育资源得以保证，同时也使教育者的信息技术能力提升再次开始新的循环。①

使教育者实现从被信息化主体到信息化主体的最终转变，是民族地区农村基础教育信息化的最终目的。无论在哪一个阶段，教育者的主体地位确认及其主体性的发挥始终都应成为建设者必须考虑的要素。因此，双主体并存的双向选择资源建设模式才是民族地区农村基础教育信息化资源建设的可行之道。德国著名哲学家马丁·布伯（Martin Buber）将人对世界万物执持的态度归为两种：在"我-你"和"我-它"。在"我-它"的关系中，他者与我分离、他者与我对立、他者是为我所用的工具，对他者的认识滞留于经验、判断植根于因果。在现实中，人总会执著于"我-它"之中，总会固执于个体的利益和价值目标的实现，总是拘泥于通过若干的"经验"认识他物并通过因果得出结论。然而，世界是一个真实的世界，是一个"存在"的世界。"没有任何事物本是现成的经验，它必在与相遇者之交互作用中呈现自身"②，经验者注定只能滞留于世界之外，唯有步入"你"实现"我"，创设直接无间、无待无限的"我-你"才是人与世界万物的相处之道。因为人无"它"不可生存，但仅靠"它"则生存者不复为人。单向选择是一种"我-它"态度，双向选择则是一种"我-你"之境。分离对立的"主客关系"注定被社会的发展被抛弃，单向选择也注定被开放的教育系统拒绝。因为如若我们继续秉承这样的态度，客体的选择不适合主体，主体的选择也不适合客体，结果便是主体不能选择客体，客体也不能选择主体，二者之间的距离越来越大，关系最终只能走向解体。若干的关系解体最终导致的便是系统的解体。民族地区基础教育信息化建设如果仍未对双向选择机制的重要性予以高度重视，那么决策者便很难走出决策的低效泥潭，导致大量的资金浪费，而落后的教育则终将被时代淘汰。①

---

① 梅英，李红军. 略论民族地区农村基础教育信息化建设的资源选择机制. 昆明学院学报，2012，34（3）：79-82.

② 马丁·布伯. 我和你. 陈维刚译. 北京：生活·读书·新知三联书店，2002：22.

五、资源建设选择阶段工作

依循双主体互动的双向选择模式，我国民族教育信息化资源建设选择阶段需要面对的问题主要包括如下三个方面：拥有哪些资源？需要哪些资源？如何筛选资源？

民族教育资源取自民族文化，总体观之具有如下四个方面特征：①民族性。民族文化外延较广，囊括的种类较多。但从其内涵来看，却都是"依托各民族主体创造出来的，不是某个人的行为及其代表，而是其民族的代表，在该民族群体内得到广泛认同的基础上显示出价值，并在该民族群体内流传、延续，能够经过历史的不断传承逐渐形成当地文化传统的一部分"。[1][2]因此，取自民族文化的民族教育资源均具有民族性。所谓的民族性就是为某一民族独有，体现特定民族独特思维方式、智慧、世界观、价值观、审美意识和情感表达等因素的资源表现形式。该特征的存在与民族文化存在于特定的地域空间和具体的历史时间之中不无相关。②流变性。民族教育资源是民族文化精神的体现，可依据其表现形式采用特定的方式进行复制和传播。但这样的传播过程往往是一种动态流变的过程，是继承与变革、共性与个性辩证结合的过程。因此，民族教育资源常常与当地的历史、文化和民族特色相互融合，在继承和发展并存的状态下呈现出一定的流变性。[1][2]③地域性。每个民族都有自己特定的生活和活动地域，该地域的自然环境对该民族有很大影响，进而会在此基础上形成该民族的文化特征。"一方面，作为历史积淀下来的生活形式，代表了该民族在其生活地域内文化的传统特色；另一方面，地域性在某种程度上加强了民族文化遗产和民族之间的内在联系，从而使其区别于一般意义上的创作活动。每个民族都有不同于其他群体的文化遗产，这些各具特色的文化形式在构成人类文化多样性之余，还成为不同民族、不同群体之间的文化鉴别标志。"[3]即使是同一民族，

① 普丽春.少数民族非物质文化遗产教育传承研究——以云南为例.北京：民族出版社，2010：28.
② 明文钦.民族文化教育资源个性化服务研究.云南师范大学硕士学位论文，2013.
③ 吴馨萍.无形文化遗产概念初探.中国博物馆藏品研究，2004，(1)：66-70.

由于生活环境的不同，文化的传承也会有所差异，如果环境差异较大，文化资源也会表现出较大差别，这便是地域文化的特征表现。① 民族教育以传承民族文化为己任，民族文化的地域性决定了民族教育资源必然具有地域性特征。④延续性。民族教育资源在世代传承过程中，内容和形式会随着社会需求发生一定程度的改变。然而，其中必然存有某种不变的特质。比如，从若干民族地区的田野考察案例中可以发现，他们无论在动态的语言、艺术上，还是静态的建筑等教育资源中，都印有其特有的民族烙印。随着这些教育资源得以使用和传承，该民族文化的生命力随之得以延续。从此意义上讲，民族教育虽然各时代表现形式会存有区别，但还是存有延续性的。

笔者认为，从民族文化中选择出具有上述特点的民族教育资源，需要开展如下两个步骤工作。

第一步：普查。民族教育资源普查，是指某个地区由官方或正式的组织对辖区内民族教育资源的数量、质量、分布状况及开发利用和保护等情况所进行的全面调查。根据民族文化的特点及教育资源需求，可能包括民族日常生活文化资源普查、民族人生礼仪文化资源普查、民族传统文娱文化资源普查、民族信仰文化资源普查、民族技艺文化资源普查、民族节庆文化资源普查等类型，如图 4-1 所示。

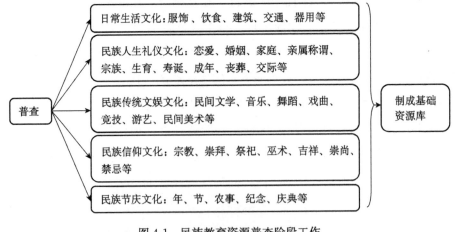

图 4-1　民族教育资源普查阶段工作

---

①　明文钦. 民族文化教育资源个性化服务研究. 云南师范大学硕士学位论文，2013.

　　第二步：筛选。从当前我国教育改革的趋势来看，凡是有助于创造出学生主动学习与和谐发展的资源都应该加以开发和利用。然而，究竟哪些资源才是具有开发和利用价值的教育资源，还必须通过筛选机制过滤才能确定。教育资源的筛选要服务于与民族文化元素相关联的课程建设。由此，从课程理论的角度来分析，民族教育资源开发过程中，我们至少需要经过三个筛子的过滤筛选才能确定教育资源的开发价值。第一个筛子就是教育哲学，即教育资源要有利于实现民族地区教育的理想和办学的宗旨，反映社会的发展需要和进步方向；第二个筛子就是学习理论，即课程资源要与学生学习的内部条件相一致，符合民族学生身心发展的特点，满足民族学生的兴趣爱好和发展需求；第三个筛子是教学理论，即教育资源要与教师教育教学修养的现实水平相适应。所以，开发民族文化中的教育资源，特别是开发素材性教育资源，必须反映教育的理想和目的、社会发展需要、学生发展需求、学生在学习过程中对内容的整合逻辑和师生的心理逻辑等。①②

　　为了使教育资源的筛选机制更好地发挥作用，需要注意两个重要原则。其一，优先性原则。学生需要学习的东西很多，远非学校教育所能包揽的，因而必须在可能的教育资源范围内和在充分考虑教育资源成本的前提下突出重点，并使之优先得到运用。比如，学校教育要承担自己的责任，要帮助学生学会能够建设性地参与社会生活的各种本领，那么就必须对有效地参与社会生活所应该具备的知识、技能和素质，以及社会为个人施展才能所提供的种种机会进行综合的了解，作出恰当的判断，筛选出重点内容并优先运用于教育资源并进入课程内容中。其二，适应性原则。教育资源的设计和开发利用不仅要考虑典型或者普通学生的共性情况，更要考虑特定学生对象的具体特殊情况。如果要为特定教育对象确定恰当的目标，那么仅仅考虑他们已经学过的内容还不够，还需要考虑他们现有的知识、技能和素质背景。除了考虑学生群体的情况外，还

---

①　吴刚平.课程资源的筛选机制与开发利用途径.上海教育，2001，（12）：18-19.
②　江南小雨.课程资源的筛选、开发和利用.http://blog.sina.com.cn/s/blog_6f24eef001010kfl.html.

要考虑教师群体的情况。只有这样，民族教育资源才能得到更加充分、合理的开发与利用。[1][2] 我国民族教育信息化选择阶段的资源筛选工作，如图 4-2 所示。

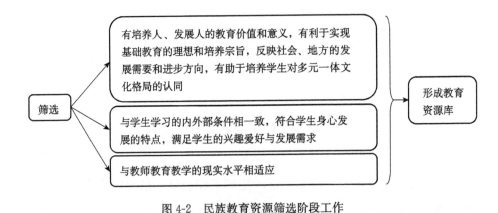

图 4-2   民族教育资源筛选阶段工作

第二节   资源开发

立足民族教育资源特点及民族教育信息化建设工作需求，从开发者的角度，我们需要思考如何组合资源？如何展示资源？基于此，我国民族教育信息化资源开发就其实质而言，就是在一定原则的指导下采取某些技术实现信息重组的过程。

一、资源开发原则与目标

民族教育信息化基于民族教育跨越式发展而发生，同时又服务于民族教育跨越式发展，其资源开发工作，必须根据《纲要》及《教育信息化十年发展规划（2011—2020 年）》等纲领性文件要求，紧扣国家中长期教育改革和信息化发

---

① 吴刚平．课程资源的筛选机制与开发利用途径．上海教育，2001，(12)：18-19.
② 江南小雨．课程资源的筛选、开发和利用．http://blog.sina.com.cn/s/blog_6f24eef001010kfl.html.

展规划工作重点进行。因此，我国民族教育信息化资源开发工作，必须遵循如下四个基本原则。

第一，科学性原则。民族教育资源信息化开发要以我国民族教育方针政策为前提，保证民族教育资源信息化建设的科学性，必须以服务于民族人才培养工作为目标，根据《中华人民共和国宪法》与《中华人民共和国民族区域自治法》具体实施。一方面，要保护、传承少数民族传统文化精髓，维护其文化自主权；与此同时，也要保证教育信息化资源建设不违背科学的基本原则；另一方面，要注意促进各少数民族团结、保障少数民族在经济、政治、文化、宗教上的平等权利，为促进国家与区域民族教育人才培养与发展提供智能支持。

第二，特色原则。培养民族地区人才，发展民族教育，必须充分考虑当地自然环境、生活条件、经济发展水平、语言特点、风俗习惯、宗教信仰等各方面的实际特点，从实际需求与经济发展水平出发。因此，民族教育信息化资源开发作为一项为人才培养和精神文化水平提升服务、为促进当地的发展与社会全面进步服务的基础工作，必须结合民族区域教育特色因地制宜进行。

第三，共享原则。民族教育信息化资源开发要着力体现高效原则，避免盲目求大、求全。因此，民族教育信息化资源开发必须依据我国民族教育总体战略进行，着力提升资源质量以形成精品化的民族信息化资源；必须依据当地信息化水平实际状况合理规划，重点打造特色优质资源。在各地分别建成各自的优质特色资源后，再予以统筹使用，形成优质信息化资源共享、共荣的格局。

第四，共建原则。我国少数民族聚居之地，大多经济发展水平落后，信息化水平较低。因此，民族教育信息化资源开发投入大量的人力、资金及后期管理成本，方能保证民族教育信息化发展建设。因此，各级各类部门必须协同开展工作，对民族教育信息化资源建设工作引起足够的重视，尽力满足信息化资源建设的各种需求，推进政府、教育管理部门及院校之间的有效合作，进而完成信息资源开发任务。

立足我国民族教育信息化建设现状与预期目标之间的差距，我国民族教育信息化资源开发后续工作目标如下：①深入研究并挖掘民族教育资源信息化的关键技术。具体而言，包括数字媒体技术，本体、语义 Web 网络技术，非规范知识处理技术，智能信息处理技术，地理信息系统（geographic information system，GIS）技术，云计算技术等运用于民族教育资源的信息化处理可行方法与模式。②构建较为完备的民族教育资源知识库。具体而言，各学科领域学者需要利用当前国际前沿的信息处理技术，融合教育学、民族学和地理科学等方面的知识，针对不同的民族特色和民族文化资源特点，构建满足不同应用需求的民族教育资源知识库。③建立完善的民族教育资源信息化支撑体系。具体而言，这些支撑体系包括教育信息网络、教育云服务平台、优质数字教育资源与共建共享环境、教育信息化公共安全保障体系等。这些支撑体系的建设，将为学习者提供丰富的数字资源与合理的信息化学习环境，促进学习者知识的迁移，为民族教育知识库的合理运用奠定重要基础。④建立民族教育资源信息化公共服务平台。民族地区资源信息化公共服务平台建设，进一步推进信息技术与教学融合，以建设智能化教学环境，同时有利于缩小民族地区之间、学校之间、学科之间和不同师生群体之间的数字化差距。

二、资源开发技术

结合民族教育信息化建设资源开发需求及目前信息科学领域研究成果，我国民族教育信息化在资源开发过程中，必须采纳如下六种关键技术。

（一）数字媒体技术

数字媒体技术是一种包括计算机技术、通信技术和信息处理技术等各类信息技术的综合应用技术，它所涉及和涵盖的关键技术包括数字信息的获取与输出技术、数字信息存储技术、数字信息处理技术、数字传播技术、数字信息管理与安全等。除此之外，数字媒体技术还包括一些在这些关键技术基础上综合的技术。例如，基于数字传输技术和数字压缩处理技术的广泛应用于数字媒体网络传输的流媒体技术，基于计算机图形技术的广泛应用于数字娱乐产业的计算机动画技术，以及基于人机交互、计算机图形和显示等技术的且广泛应用于娱乐、广播、展示与教育等领域的虚拟现实技术等。① 下文分别对几种主要技术略作陈述。

（1）数字媒体信息获取技术。数字媒体信息的获取是数字媒体信息处理的基础，运用到了包括声音和图像等信息获取技术、人机交互技术等关键技术。而在输出过程中，为了使数字媒体内容更加丰富、人性化和具有交互性界面，又运用了显示技术、硬拷贝技术、声音系统，以及用于虚拟现实技术的三维显示技术等数字媒体信息的输出技术，将数字信息转化为人类可以感知和接受的信息。①

（2）数字媒体信息存储技术。基于计算机技术及网络通信技术等发展起来的数字媒体，对计算速度、性能及数据存储的要求较高，其对象数据通常较大，且具有实时性和并发性。因此，对数字媒体存储技术的存储容量、传输速度等性能指标有较高的标准和要求，不仅要考虑存储介质，还必须充分考虑数字媒体信息的存储策略。①由于数字媒体信息存储的内在需求，高速存储且具备高存储容量的存储新产品日新月异，进一步促进数字媒体存储媒介及相关控制技术、接口标准、机械结构等方面的技术高速发展，并在相关行业得到广泛的应用，有效地促进了数字媒体技术及其应用的飞速发展。

（3）数字媒体信息处理及传播技术。涵盖了模拟媒体信息的数字化、高效的压缩编码技术，以及数字媒体信息的特征提取、分类与识别等技术的数字媒体信息处理技术是数字媒体技术的关键。①数字媒体信息处理技术的研发主要以数字音频处理技术和数字图像处理技术为主。数字媒体所具备的多元互动性，要求数字媒体传播技术为数字媒体的传播和信息的交流提供高效、迅捷的网络平台。当前的数字媒体技术融合了现代通信技术和计算机网络技术的相关内容，使数字媒体技术的应用无处不在。

---

① 马进宝. 数字媒体技术及其相关应用探讨. 海峡科学，2010，(2)：81-84.

（4）数字媒体数据库建设及信息检索、安全技术。数据库技术是信息系统的一个核心技术；是一种计算机辅助管理数据的方法，它研究如何组织和存储数据，如何高效地获取和处理数据；是通过研究数据库的结构、存储、设计、管理，以及应用的基本理论和实现方法，并利用这些理论来实现对数据库中的数据进行处理、分析和理解的技术。数字媒体数据库是数字媒体技术与数据库技术相结合产生的一种新型的数据库，数字媒体数据库技术完成对数字媒体数据的组织、编码、分类、存储、检索和维护等数据管理。信息检索技术与信息安全技术是对数字媒体信息进行高效的管理、存取、查询，以及确保信息安全性的关键技术。[1]

（5）计算机图形与动画技术。计算机图形技术是利用计算机生成和处理图形的技术，主要包括图形输入技术、图形建模技术、图形处理与输出技术。[1]图形输入技术主要是将表示对象的图形输入计算机中，并实现用户对物体及其图像内容、结构及其呈现形式的控制，其关键技术是人机接口。图形建模技术使用计算机表示和存储图形的对象建模技术。图形处理与输出技术是在显示设备上显示图形，主要包括图元扫描和填充等生成处理、图形变换、投影和裁剪等操作处理及线面消隐、光照等效果处理等。计算机动画技术是以计算机图形技术为基础，综合运用艺术、数学、物理学、生命科学及人工智能等学科和领域的知识来研究客观存在或高度抽象的物体的运动表现形式。计算机动画技术经历了从二维到三维，从线框图到真实感图像的过程。计算机动画技术主要包括变形物体动画、过程动画、关节动画与人体动画、基本物理模型的动画等技术。目前，计算机动画的主要研究方向包括复杂物体造型技术、隐式曲面造型与动画、表演动画、三维变形、人工智能动画等。

（6）虚拟现实技术。虚拟现实技术是直接来自应用的涉及许多相关学科的新的实用技术，是集计算机图形学、图像处理与模式识别、智能接口技术、人工智能、传感与测量技术、语音处理与音响技术、网络技术等为一体的综合集

---

① 马进宝.数字媒体技术及其相关应用探讨.海峡科学，2010，（2）；81-84.

成技术，对计算机科学和数字媒体技术的发展具有重要的作用。其主要研究内容与关键技术包括动态虚拟环境建模技术、实时三维图形生成技术、立体显示和传感器技术、应用系统开发工具、系统集成技术等方面。虚拟现实作为一种新技术，将在很大程度上改变人们的思维方式，甚至会改变人们对世界、自身、空间和时间的看法。提高虚拟现实系统的交互性、逼真感和沉浸感是其关键所在。在新型传感和感知机理、几何与物理建模新方法、高性能计算，特别是图形图像处理，以及人工智能、心理学、社会学等方面许多挑战性的问题有待解决。①②

数字媒体技术应用于民族教育信息化中，可有如下应用方向：数字影视、数字游戏、数字广播、数字出版、数字广告、数字存储、计算机图形与动画技术、虚拟现实等。③

（1）数字影视。数字影视是各种数字媒体技术应用的集合体，充分反映了当今数字媒体技术发展的现状与趋势。数字影视是一个全新的领域，包括数字电影、数字电视、网络流媒体视频技术、手机电视等。③数字影视为影视领域与产业的发展提供了各种新机遇。数字影视制作技术不仅进一步拓展了影视艺术创作空间和表现力，同时也大大降低了影视制作的成本，提高了影视制作的效率。数字影视防盗版技术提供了更完善的保护技术。数字影视的软硬件技术的飞速发展也改变了传统影视的面目。影视领域的数字化已是大势所趋，从影视创作、制作到传播各个环节都将更多地采用数字技术，使人们越来越多地感受到数字化所带来的技术上的便利性、内容上的丰富性和形式上的融合性。③

（2）数字游戏。数字游戏是以数字技术为手段设计开发，并以数字化设备为平台实施的各种游戏。它以信息平台提供声光娱乐给一般消费大众。③数字游戏是数字媒体技术的综合应用，其涉及的相关技术主要包括数字视音频技术、

① 葛子厚．虚拟现实技术实现——空中机械师虚拟现实训练系统实践．吉林大学硕士学位论文，2004．

② 陈昌皓．虚拟实验教学系统应用与研究．现代商贸工业，2013，（13）：136-137．

③ 马进宝．数字媒体技术及其相关应用探讨．海峡科学，2010，（2）：81-84．

计算机动画技术、虚拟现实技术、网络技术和人工智能等。其主要包括网络游戏、手机游戏、个人计算机单机游戏、电视游戏等。数字游戏是一种全新的具有特别吸引力和参与性的大众媒体,又是具有巨大能量的文化传播的工具,在数字媒体中占据着极其重要的地位。[①] 游戏引擎技术和网络通信与管理技术的不断发展将为数字游戏的开发、制作和运营提供更加高效的平台,同时也为数字游戏产业发展注入了新的活力,进一步提高了数字游戏的互动性、仿真性和竞技性。

(3) 数字广播。数字广播是指将数字化了的音频信号及各种数据信号,在数字状态下进行各种编码、调制、传递等处理。随着数字技术迅速介入广播业务领域,数字广播已经进入了数字多媒体广播的时代,受众通过手机、便携式接收终端、电脑、车载接收终端等多种接收装置,就可以收看到丰富多彩的数字多媒体节目。[①]传统大众广告媒介的单向传播已经无法实现对消费者需求信息及时与真实的收集和反馈,数字广告的大众化、互动性、多样性等特点正好满足了企业和消费者的这种需求。随着数字媒体技术的发展,广告的制作技术与发布形式都得到了提高与拓展。[①]

(4) 数字出版。数字出版是依托传统出版的资源,用数字化工具进行立体化传播的方式。它采用二进制技术手段对出版的整个环节进行操作,其中包括原创作品的数字化、编辑加工的数字化、印刷复制的数字化、发行销售数字化和阅读消费数字化等。数字出版是全新的信息传播方式,它具有信息容量大、形式多样、高效便捷、灵活互动、快速查询、海量存储、低廉的成本、方便的编辑及更加环保等优势。[①]

(5) 数字广告。数字广告是指呈现广告内容的载体是数字媒体,也就是俗称的流媒体。数字媒体的出现已经使广告目标产生了根本而又重要的变化。网络技术让广告以其独特的方式提供了一系列双向沟通和测量的可能性。这些变化从根本上重新定义了数字时代的广告期望值。想要在正确的地点、时间接触

---

① 马进宝. 数字媒体技术及其相关应用探讨. 海峡科学,2010,(2):81-84.

到消费者并抓住他们的注意力，这要求在广告执行过程中考虑比以往更多的渠道和平台。数字广告充分利用了各种最新的数字媒体传播技术，不仅在广告的形式上不断创新，同时也赋予了广告更多的交互性、实时性和针对性的特点。目前，常见的数字广告有网络广告、流媒体广告、虚拟广告、无线广告、数字电视广告、数字游戏广告等。数字媒体技术的应用，使得数字广告能够有效地抓住消费者的兴趣和注意力，扩大参与度。数字媒体和技术提供了新的和强有力的途径强化消费者的品牌记忆和忠诚度维系，提升购买意愿。传统媒体和数字媒体的关键区别在于数字媒体容易识别出受众成员并通过受众中反应迅速的自愿的个体建立双向沟通。建立选择性加入的顾客数据库为所有企业创造了有价值的资源，企业可以用这些资源与顾客沟通，包括通知、奖励、答谢和再销售，从而提高这些顾客的生命周期价值。

（二）本体技术

自 20 世纪 90 年代初，本体概念被广泛地应用到计算机领域，特别是人工智能（AI）和知识工程研究中，因为 AI 和知识工程需要开发一个领域共享的、公共的概念，实现知识共享和重用。[①] 在 AI 领域，本体通常被称为领域模型（domain model）或概念模型（conceptual model），是关于特定知识领域内各种对象、对象特性及对象之间可能存在关系的理论。通过对应用领域的概念和术语进行抽象，本体形成了应用领域中共享和公共的领域概念，可以描述应用领域的知识或建立一种关于知识的描述。本体的抽象可能是很高层次的抽象，也可能是针对特定领域的概念抽象。本体已经成为知识工程、自然语言处理、协同信息系统、智能信息集成、因特网上智能信息获取、知识管理等各方面普遍研究的热点。[①]因此，随着高度结构化的知识库在 AI 和面向对象系统中的出现，对于实际应用和理论研究，本体变得日益重要。

近 10 年来，各种研究机构和知识工程研究者提出了多种面向 AI、具有细微

---

① 甘健侯. 基于本体的语义 Web 知识发现及其应用研究. 云南师范大学硕士学位论文，2004.

差别的本体定义：①一个本体是一个非形式的概念化系统；②一个本体是由一个逻辑理论表示的概念系统；③一个本体定义了组成主题领域的词汇的基本术语和关系，以及用于组合术语和关系以定义词汇的外延的规则①；④本体是概念模型的明确的规范说明。所有定义中，Gruber 的定义被引用最多："本体是概念模型的明确的规范说明。"② Studer 等总结认为："本体是共享概念模型的明确的形式化的规范说明。"该定义中包含四层含义——概念模型（conceptualization）、明确（explicit）、形式化（formal）、共享（share）。"概念模型"指通过抽象出客观世界中一些现象的相关概念而得到的模型，概念模型所表现的含义独立于具体的环境状态；"明确"是指所使用的概念及使用这些概念的约束都有明确的定义；"形式化"指本体是计算机可读的（即能被计算机处理）；"共享"指本体中体现的是共同认可的知识，反映的是相关领域中公认的概念集，即本体针对的是团体的共识。①③④⑤

　　从根本上说，本体的作用是为了构建领域模型。例如，在知识工程过程中，一个本体提供了关于术语概念和关系的词汇集，通过该词汇集可以对一个领域进行建模。⑥ 虽然不同的本体之间存在一些差异，但它们之间存在普遍的一致性。针对应用领域中一些特殊的任务，知识表达可能还需要一种在很高的普遍性层次上的本体抽象概念。当语义通过一定的形式添加到网络资源上之后，下一步工作就是如何使得这些资源被理解和共享。⑦ 对于 Web 上不同的数据资源，它们对同一个概念可能采用不同的标识符。⑦ 比如，对于"下载工具"这个概念，

---

① 林杰. 基于本体的教育资源库的研究与设计. 微型电脑应用，2014，30（12）：9-12.

② 于秀丽，王旭坪，张娜娜. 应急领域本体的构建方法研究. 电子科技大学学报（社科版），2015，17（3）：20-23.

③ 张子振. 一种基于本体的信息检索模型. 茂名学院学报，2010，20（6）：42-44.

④ 董朝阳，李新. 基于本体的云制造资源及加工任务建模. 组合机床与自动化加工技术，2015，（6）：154-157.

⑤ 潘彩霞，薛佳妮，于辉辉，封文杰. 基于本体的鱼病诊断专家系统的构建. 广东农业科学，2015，（1）：157-160.

⑥ 顾铁军，李毅，顾健. 网络脆弱性扫描产品标准本体构建及测评工具研究. 信息网络安全，2013，（10）：141-143.

⑦ 甘健侯. 基于本体的语义 Web 知识发现及其应用研究. 云南师范大学硕士学位论文，2004.

可以使用〈download tools〉，也可以使用〈download _ tools〉，为了识别这些标记所代表的概念，将本体论的方法引入语义 Web 中来。[1]

在语义 Web 中，本体具有非常重要的地位，它是解决语义层次上 Web 信息共享和交换的基础。[1]就 Web 而言，本体可以应用在如下方面：①提高搜索引擎的精确度，它只需根据元数据查找网页，而不会像现在用语义含糊的关键词进行全文搜索；②利用本体从 Web 页面到相应的知识结构和推理规则建立关系；③本体还可用于电子商务网站，使买卖双方可以基于机器进行交流等。[1]

此外，人工智能领域也可以应用本体，包括以下三个方面：①本体论工程。研究和开发本体的内容，包括两个方面，一是研究如何创建特定领域的本体，二是研究通用本体的创建方法。[2] ②本体的表示、转换和集成。研究用于表示各种本体的知识表示系统，提供形式化方法和工具，促进本体的共享和重用，提供不同本体的比较框架，研究不同本体的转换和集成方法，提供不同本体间互操作的手段。[2] ③本体论的应用。主要研究以特定领域或通用本体为基础的应用。[2]

（三）语义 Web

语义 Web 是一个由机器可理解的大量数据所构成的一个分布式的体系结构。[1]在这个体系结构中，数据之间的关系通过一些术语表达，这些术语之间又形成一种复杂的网络联系，计算机能够通过这些术语得到数据的含义，并且可以在这种联系上应用逻辑来进行推理，从而完成一些原来不能直接完成的工作。[1]根据人们对语义 Web 的理解，可将语义 Web 定义为：语义 Web 是对当前 Web 的一种扩展，是一个信息的 Web，这些信息被赋予明确定义的含义，是机器可处理的；语义 Web 的技术基础是 XML 和 RDF；其基本实现方法是开发功能逐层增强的形式化信息规约语言，用以唯一确定信息的含义；其最终目标是

①　甘健侯.基于本体的语义 Web 知识发现及其应用研究.云南师范大学硕士学位论文，2004.
②　林杰.基于本体的教育资源库的研究与设计.微型电脑应用，2014，30（12）：9-12.

成为智能化网络服务和应用开发的基础设施，成为机器与人协同工作的媒介。[①]

语义 Web 的发展，本质上就是用信息表示语言的发展，让信息在不同层次上使计算机可理解和可处理。[②]语义 Web 是由多种语言和应用形成的一个层次化的体系结构。[②]图 4-3 描述了语义 Web 的整体架构，这也是 Tim Berners-Lee 的设想。[②]

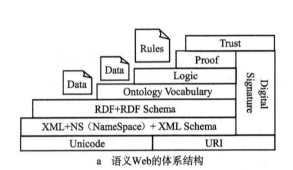

a 语义Web的体系结构

b 语义Web体系结构的解释

图 4-3 语义 Web 的整体架构图

URI 和 Unicode 层是标识语义 Web 对象和使用国际字符集的基本手段。XML 层和命名空间及 Schema 定义是集成语义 Web 定义与其他基于 XML 的标准的基础。RDF 和 RDF Schema 用来描述和定义由 URI 引用的对象及词汇，并指定资源和链接的类型。本体层用来定义不同概念之间的关系，以支持词汇的演化。逻辑框架层为基于规则的系统提供一个描述公理的框架。证明层执行规则并作出相应的评估。信任层为应用程序是否信任一个给定的证明提供检测机制。数字签名和加密技术用来检测文档的改动情况，是增强 Web 信任的手段。

随着语义 Web 概念的提出和相关研究的进展，将出现许多基于语义 Web 技术的应用，目前研究比较成熟的是本体层。[②]语义 Web 的主要应用领域有以下几点。

（1）智能信息检索。面对海量信息，智能信息检索一直是科研人员的重要

① 段汝林. 网络课程本体知识库的构建与应用——以《教育技术学》课程本体为例. 广东青年职业学院学报，2013，27（91）：60-64.

② 甘健侯. 基于本体的语义 Web 知识发现及其应用研究. 云南师范大学硕士学位论文，2004.

课题。但是，Web上传统的信息表示方法使信息检索面临了种种难以逾越的障碍。因此，改进信息检索的重要方法之一就是整理和重新规范 Web 上的信息。[①]如今 Web 上保留有高速发展期间产生的大量普通 HTML 页面，整理这些信息的实质性问题就是如何从 HTML 页面中提取出语义信息，构建出能够描述这些页面的本体。[①]手工实现这一过程需要耗费大量的人力、物力，因此可行的办法是采用本体学习系统，实现本体的自动或半自动提取。不仅对文本信息可以采用语义 Web 的方法来加强智能检索，而且还可以对多媒体信息，结合模式识别和对象提取技术，实现基于内容的检索，国外已有这方面的文献报道。

（2）企业间数据交换及知识管理。企业间的数据交换和知识管理一直是基于 Web 的电子商务和 ERP 系统的重要组成部分，现有很多项目都围绕着企业 Web 知识管理而展开，这些项目潜在的假设是：企业提供的 Web 信息结构可以转化成为一个巨大的知识库。这种转化的重要基础就是利用基于本体的元数据来对企业发布的信息或企业的内部文档进行标注。围绕这一假设，需要开发一系列相关技术和工具，如企业知识的建模、标注工具、本体的提取工具、基于本体的推理工具等。Ontoweb 就是这样的一个项目，它的目标在于激励和支持语义 Web 技术从学术界向工业界转化，同时也向工业界证实基于本体的知识管理、电子商务及企业信息集成方面具有的潜在价值。

（3）Web 服务。使用语义 Web 技术，软件代理可以自动地发现、调用和集成 Web 服务，并对 Web 服务的执行进行监控。当前 Web 正在从一个文本、图片、音频、视频的信息提供者向服务提供者转变，这种转变体现了"网络就是计算机，软件就是服务"的思想。学术界在语义 Web 研究中提出了基于本体的一些服务描述语言，如 DAML-S、OWL-S 等，这些语言为 Semantic Web 和 Web Service 的结合提供了一个良好的契机。创建语义 Web 的语义描述，使得 Web Service 能够被机器理解，对用户透明。同时，这种描述能够被 Agent 自动处理，实现 Web Service 之间的交互性。

（4）基于代理的分布式计算。语义 Web 使用形式化的逻辑语言来表达 Web 知识的语义，从而赋予软件代理更多的智能和移动性，传统的客户/服务器计算

---

① 王睿.基于本体的语义 Web 浅谈.电脑与信息技术，2011，19（6）：54-56.

范型将被基于代理的分布式计算范型取代。

（5）基于语义的数字图书馆。随着 Web 上多媒体数据的日益增加，对它们的管理和检索也变得越来越重要。传统的多媒体检索技术使用颜色、纹理和形状等特征来描述图像或视频。基于语义的数字图书馆将使用本体来描述各种多媒体信息和图书信息，从而支持基于语义的检索和导航。

语义 Web 在这些领域中的应用将促进各种相关研究工作的开展，从而为知识管理、电子商务、自然语言处理、智能化信息集成、智能化教育等应用领域提供技术和实践经验。

（四）网格技术

网格技术是从 20 世纪 90 年代在欧美出现并发展起来的新技术，主要用于帮助分散的大学研究人员分析粒子加速器和巨型望远镜数据。

在过去的两年中，网格的概念和 Globus Toolkit 已在研究和教育领域得到广泛应用，数十项全球性的大项目采用这些技术，以挑战科学计算中的海量计算问题。它把互联网上分散的资源融为有机整体，实现资源的全面共享和有机协作，使人们能够透明地使用资源的整体能力并按需获取信息。资源包括高性能计算机、存储资源、数据资源、信息资源、知识资源、专家资源、大型数据库、网络、传感器等。当前的互联网只限于信息共享，网格则被认为是互联网发展的第三阶段。网格可以构造地区性的网络、企事业内部网络、局域网网络，甚至家庭网络和个人网络。网络的根本特征并不一定是它的规模，而是资源共享，消除资源孤岛。作为一种能带来巨大处理、存储能力和其他 IT 资源的新型网络，网格计算通过共享网络将不同地点的大量计算机相联，从而形成虚拟的超级计算机，将各处计算机的多余处理器能力合在一起，可为研究和其他数据集中应用提供巨大的处理能力。有了网格计算，那些没有能力购买价值数百万美元的超级计算机的机构，也能利用其巨大的计算能力。

网格研究最初的目标是希望能够将超级计算机连接成为一个可远程控制的元计算机（Meta Computers）系统，现在，这一目标已经深化为建立大规模计算和数据处理的通用基础支撑结构，将网络上的各种高性能计算机、服务器、个人计算机、信息系统、海量数据存储和处理系统、应用模拟系统、虚拟现实系统、仪器设备和信息获取设备（如传感器）集成在一起，为各种应用开发提供底层技术支撑，将因特网变为一个功能强大、无处不在的计算设施，最终实现资源共享和分布协同工作。[1][2][3][4][5] 网格的这种概念可以清晰地指导行业和企业中各个部门的资源进行行业或企业整体上的统一规划、部署、整合和共享，而不仅仅是行业或大企业中的各个部门自己规划、占有和使用资源。这种思想的沟通和认同对行业和企业是至关重要的，将提升或改变整个行业或企业信息系统的规划部署、运行和管理机制。[1][2]

如今，人们以网络互连为基础构造了不同的网格以解决不同领域复杂科学计算与海量数据服务的问题，有代表性的，如计算网格、拾遗网格、数据网格等，它们在体系结构和需要解决的问题类型等方面不尽相同，但都需要共同的关键技术[1][2][3][4][5][6][7][8][9][10]，主要有如下三种。

（1）高性能调度技术。大量的应用在网格系统中共享着网格的各种资源，如何使得这些应用获得最大的性能，需要依靠高性能的调度技术来解决这一问题。网格调度技术比传统高性能计算中的调度技术更复杂，这主要是因为网格具有一些独有的特征。例如，网格资源的动态变化性、资源的类型异构性和多样性、调度器的局部管理性等。因此，网格的调度需要建立随时间变化的性能预测模型，充分利用网格的动态信息来表示网格性能的波动。在网格调度中，还需要考虑移植性、扩展性、效率、可重复性及网格调度和本地调度的结合等

① 莫秋云，张应红. 网格技术在中国教育科研平台上的应用. 中国科技信息，2006，（4）：61.
② 胡蓉. 构建金融网格的若干技术研究. 长沙理工大学硕士论文，2006.
③ 白洋. 基于网格技术的数字图书馆应用分析. 陕西理工学院学报，2007，23（3）：55-58.
④ 闫峰. 漫谈网格网络技术. 山西科技，2007，（4）：55-56.
⑤ 叶鹰，陈潇肖，胡蒙蒙. 新兴信息技术导向下的情报学发展走向. 图书情报知识，2006，（111）：59-64.
⑥ 金明，单广荣，杨欢欢. 网格技术的发展与数字图书馆的建设. 甘肃科技纵横，2009，38（4）：13-15.
⑦ 秦奕奕，王硕. 浅谈网格计算技术. 福建电脑，2009，（9）：50.
⑧ 刘前，刘建顺. 浅析网格技术的发展与运用. 辽宁科技学院学报，2005，7（4）：16-18.
⑨ 王东，管江红. 浅谈下一代互联网技术——网格技术. 西藏科技，2005，（11）：57-60.
⑩ 刘红文. 浅谈网格技术. 湖南冶金职业技术学院学报，2006，6（4）：537-553.

一系列问题。①②③④⑤⑥⑦⑧⑨

（2）资源管理技术。为了能够帮助用户有效地分配资源，需要进行资源管理，这也是资源管理需要解决的关键问题。资源的高效分配涉及资源分配和调度两个问题，一般通过一个包含系统模型的调度模型来体现，而系统模型则是潜在资源的一个抽象，系统模型为分配器及时地提供所有节点上可见的资源信息，分配器获得信息后将资源合理地分配给任务，从而优化系统性能。①②③④⑤⑥⑦⑧⑨

（3）网格安全技术。相比以往的互联网络，网格计算对环境安全性的要求更高、更复杂。由于网格计算环境中的用户数量、资源数量都很大且动态可变，一个计算过程中的多个进程间存在不同的通信机制，资源支持不同的认证和授权机制且可以属于多个组织。正是这些网格独有的特征，使得它的安全要求性更高，具体包括支持在网格计算环境中主体之间的安全通信，防止主体假冒和数据泄密；支持跨虚拟组织的安全；支持网格计算环境中用户的单点登录，包括跨多个资源和地点的信任委托和信任转移等。①②③④⑤⑥⑦⑧⑨

网格技术不断发展使人们逐渐地意识到了网格体系结构的重要性。网格体系结构用来划分系统的基本组件，指定系统组件的目的和功能，说明组件之间如何相互作用，规定了网格各部分相互的关系与集成的方法。可以说，网格体系结构是网格的骨架和灵魂，是网格技术中最核心的部分。①②③④⑤⑥⑦⑧⑨典型的网格体系结构包括以下两种。

（1）五层沙漏结构。五层沙漏结构是一种早期的抽象层次结构，以"协议"为中心，强调协议在网格的资源共享和互操作中的地位。通过协议实现一种机制，虚拟组织的用户与资源之间可以进行资源使用的协商、建立共享关系，并

① 莫秋云，张应红．网格技术在中国教育科研平台上的应用．中国科技信息，2006，（4）：61.

② 胡蓉．构建金融网格的若干技术研究．长沙理工大学硕士论文，2006.

③ 白洋．基于网格技术的数字图书馆应用分析．陕西理工学院学报，2007，23（3）：55-58.

④ 闫峰．漫谈网络网格技术．山西科技，2007，（4）：55-56.

⑤ 金明，单广荣，杨欢欢．网格技术的发展与数字图书馆的建设．甘肃科技纵横，2009，38（4）：13-15.

⑥ 秦娈娈，王硕．浅谈网格计算技术．福建电脑，2009，（9）：50.

⑦ 刘前，刘建顺．浅析网格技术的发展与运用．辽宁科技学院学报，2005，7（4）：16-18.

⑧ 王东，管江红．浅谈下一代互联网技术——网格技术．西藏科技，2005，（11）：57-60.

⑨ 刘红文．浅谈网格技术．湖南冶金职业技术学院学报，2006，6（4）：537-539.

且可以进一步管理和开发新的共享关系。这一标准化的开放结构对网格的扩展性、互操作性、一致性及代码共享都很有好处。五层结构之所以形如沙漏，是由各部分协议数量的分布不均匀引起的。考虑到核心的移植、升级的方便性，核心部分的协议数量相对比较少，如因特网上的 TCP 和 HTTP。对于其最核心的部分，要实现上层协议（沙漏的顶层）向核心协议的映射，同时实现核心协议向下层协议（沙漏的底层）的映射。按照定义，核心协议的数量不能太多，这样核心协议就成了一个协议层次结构的瓶颈。在五层结构中，资源层和连接层共同组成这一核心的瓶颈部分，促进了单独的资源共享。①②③④⑤⑥⑦⑧⑨

（2）开放网格服务结构。开放网格服务结构（OGSA）是全球网格论坛的重要标准建议，是目前最新也最有影响力的一种网格体系结构，被称为下一代的网格结构。与前期网格不同的是，OGSA 是面向服务的结构，将所有事务都表示成一个 Grid Service，计算资源、存储资源、网络、程序、数据等都是服务，所有的服务都联系对应的接口，所以 OGSA 被称为以服务为中心的"服务结构"，通过标准的接口和协议支持创建、终止、管理和开发透明的服务。其发展象征着网络服务的一个进步，结合目前的网络服务技术，支持透明安全的服务实例，OGSA 有效地扩展了网络服务架构的功能。①②③④⑤⑥⑦⑧⑨

五层模型与 OGSA 都相当重视互操作性，但 OGSA 更强调服务的观点，将互操作性问题转化为定义服务的接口和识别激活特定接口的协议。这一面向服务的模型具有很多优点，环境中的所有组件都是虚拟化的，提供一个一致接口的核心集，可以使得分级的、更高级别的服务的构建能够跨多个抽象层，以一

① 王少鹏. 基于遗传算法的网格计算的任务调度. 青岛大学硕士论文, 2006.

② 胡蓉. 构建金融网格的若干技术研究. 长沙理工大学硕士论文, 2006.

③ 白洋. 基于网格技术的数字图书馆应用分析. 陕西理工学院学报, 2007, 23（3）：55-58.

④ 闫峰. 漫谈网格网格技术. 山西科技, 2007,（4）：55-56.

⑤ 金明, 单广荣, 杨欢欢. 网格技术的发展与数字图书馆的建设. 甘肃科技纵横, 2009, 38（4）：13-15.

⑥ 叶鹰, 陈潇肖, 胡蒙蒙. 新兴信息技术导向下的情报学发展方向. 图书情报知识, 2006,（111）：59-64.

⑦ 刘前, 刘建顺. 浅析网格技术的发展与运用. 辽宁科技学院学报, 2005, 7（4）：16-18.

⑧ 王东, 管江红. 浅谈下一代互联网技术——网格技术. 西藏科技, 2005,（11）：57-60.

⑨ 刘红文. 浅谈网格技术. 湖南冶金职业技术学院学报, 2006, 6（4）：537-539.

种统一的方式进行处理。①②③④⑤⑥⑦⑧⑨

（五）非规范知识处理技术

大部分的知识系统主要都只能处理那些具有数量不是很巨大、范围明确、结构健全、内容相对完整且一致等特征的规范知识，稍稍超出系统边界的问题或稍稍违背这些特征的知识，如出现矛盾的知识、海量的知识、常识性的知识、外延和内涵随时间、场景变化的知识等，系统就容易表现出它的脆弱性。我们称此类知识为非规范知识。非规范知识是对不确定的、模糊的、不完整的、不精确的、非恒常的、不一致的等内涵难处理的知识的总称。

非规范知识处理的最典型应用领域是因特网上知识的处理。因特网上的知识大部分是非结构或半结构的，它们以各种媒体形式存在，以自然语言为载体，分布在几亿个网页上，每天以百万网页的数量级在增长、消失或改变内容，它们充满了各种矛盾的事实、数据和观点，几乎体现了非规范知识的所有特点。可是，因特网的快速发展与广泛应用要求在开放、动态环境下实现灵活的、可信的、协同的、深层次的知识共享和利用。⑩⑪⑫ 这个目标的实现在很大程度上依赖于非规范知识处理技术的进步。生命信息学（包括生物信息学和神经信息学）是从海量数据中发现非规范知识的另一个典型应用领域。为研究生物信息学，科学家几乎已用尽了所有能想到的数学模型。目前，任何单一模型的使用

---

①　王少鹏．基于遗传算法的网格计算的任务调度．青岛大学硕士论文，2006.

②　胡蓉．构建金融网格的若干技术研究．长沙理工大学硕士论文，2006.

③　白洋．基于网格技术的数字图书馆应用分析．陕西理工学院学报，2007，23（3）：55-58.

④　闫峰．漫谈网格网格技术．山西科技，2007，（4）：55-56.

⑤　金明，单广荣，杨欢欢．网格技术的发展与数字图书馆的建设．甘肃科技纵横，2009，38（4）：13-15.

⑥　叶鹰，陈潇肖，胡蒙蒙．新兴信息技术导向下的情报学发展方向．图书情报知识，2006，（111）：59-64.

⑦　刘前，刘建顺．浅析网格技术的发展与运用．辽宁科技学院学报，2005，7（4）：16-18.

⑧　王东，管江红．浅谈下一代互联网技术——网格技术．西藏科技，2005，（11）：57-60.

⑨　刘红文．浅谈网格技术．湖南冶金职业技术学院学报，2006，6（4）：537-539.

⑩　谢能付．基于农业本体和融合规则的知识融合框架研究．安徽农业科学，2013，41（1）：395-397.

⑪　刘譞哲，黄罡，梅宏．用户驱动的服务聚合方法及其支撑框架．软件学报，2007，18（8）：1883-1895.

⑫　王树锋．非规范知识的获取与融合技术研究．上海大学博士学位论文，2008.

效果均有局限，各种模型所得结果的综合是一大问题。这又提出了各种非规范知识的融合问题。正是在这样的背景下，人们急需系统而深入地开展非规范知识处理的基本理论和核心技术的研究。

　　无论从人工智能学科发展的角度，还是从当前应用需要角度，我们都有必要开展非规范知识处理的理论和关键技术研究。目前，非规范知识处理技术包括如下 10 种。①表示技术：如需求工程中矛盾需要的表示、医学知识的本体表示、概率和非概率的网络模型，以及生物信息学中代谢网络、信号传导网络和基因调控网络能否采用"三网合一"表示的研究等；②存储技术：如海量知识库的知识组织技术、语义网平台的知识组织技术等；③搜索技术：如数据库快速搜索技术、第二代浏览器研究、搜索引擎研究、基于内涵逻辑的网络搜索技术、分布式 Web 搜索等；④析取技术：如网页知识提取技术、非规范数据挖掘技术、含变异符号串的 Motif 学习技术、生物信息网络 Motif 学习技术等；⑤分类技术：如半监督学习和无监督学习技术、归纳逻辑程序技术、随机关系学习技术、页面分类技术等；⑥整合技术：如页面聚类、复杂网络聚类、本体对齐技术、DNA 序列对比技术等；⑦提纯技术：如网页过滤技术、噪声去除技术、数据清污技术等；⑧插补技术：如含缺失数据的归纳学习、数据高维模式的发现等；⑨变换技术：如支持向量机的核变换技术、函数变换技术等；⑩软计算技术：如神经计算、演化计算、遗传算法、蚁群算法、免疫进化算法、粒子群算法、软约束逻辑程序设计等。

（六）智能信息处理技术

　　智能信息处理（intelligent information processing，IIP）是体现人工智能的信息处理分支，它既是情报科学的前沿交叉领域，也是计算机科学的综合应用领域。当前智能信息处理以处理复杂信息和海量信息为目标，包括信息和知识处理的数学理论、复杂系统的算法设计和分析、海量多媒体信息检索与处理、数据挖掘和集成、机器学习与机器翻译、量子计算和生物计算等，以及在电子政务、电子商务、电子金融等领域中的应用。近年，图书情报界也开始探索将智能信息处理运用于文本处理和数字图书馆网络资源建设。[①]

---

① 叶鹰. 智能信息处理的基础理论探讨. 情报科学，2008，26（9）：1281-1285.

智能信息处理可以划分为两大类：一类为基于传统计算机的智能信息处理，另一类为基于神经计算的智能信息处理。①②

基于传统计算机的智能信息处理系统包括智能仪器、自动跟踪监测仪器系统、自动控制制导系统、自动故障诊断系统等。在人工智能系统中，它们具有模仿或代替与人的思维有关的功能，通过逻辑符号处理系统的推理规则来实现自动诊断、问题求解及专家系统的智能。这种智能实际上体现了人类的逻辑思维方式，主要应用串行工作程序按照一些推理规则一步一步进行计算和操作，目前应用领域很广。基于计算机（包括高速信号处理器开发系统）和人工智能的智能信息处理系统仍在继续向高新技术发展，但其发展速率已不太适应社会信息数量增长速率的需求，因而促使人们注意到新型智能信息处理系统的研究。①②

人工神经网络是模仿延伸人脑认知功能的新型智能信息处理系统。由于大脑是人的智能、思维、意识等一切高级活动的物质基础，构造具有脑智能的人工智能信息处理系统，可以解决传统方法所不能或难以解决的问题。以联接机制为基础的神经网络具有大量的并行性、巨量的互连性、存储的分布性、高度的非线性、高度的容错性、结构的可变性、计算的非精确性等特点，它是由大量的简单处理单元（人工神经元）广泛互连而成的一个具有自学习、自适应和自组织性的非线性动力系统，也是一个具有全新计算结构模型的智能信息处理系统。它可以模仿人脑处理不完整的、不准确的，甚至具有处理非常模糊的信息的能力。这种系统能联想记忆和从部分信息中获得全部信息。由于其非线性，当不同模式在模式特征空间的分界面极为复杂时，仍能进行分类和识别。②③④⑤由于其自适应、自学习功能，系统能从环境及输入中获取信息来自动修改网络结构及其连接强度，以适应各种需要而用于知识推广及知识分类。由于分布式存储

① 何振亚. 计算智能信息处理. 数据采集与处理，1996，11（2）：85-88.
② 百度文库. 神经网络在智能信息处理中的应用. http://wenku.baidu.com/view/9ff878c35fbfc77da269b11e.html.
③ 何振亚. 计算智能信息处理. 数据采集与处理，1996，11（2）：85-88.
④ 何明一. 综合智能信息处理——形势、趋向、问题与突破口. 电子科学导报，1998，（2）：5-8.
⑤ 鲍晓宇，施克仁. 可重构信息处理. 计算机自动测量与控制，2000，8（1）：1-4.

和自组织性，而使系统连接线被破坏了 50%，它仍能处在优化工作状态，这在军事电子系统设备中有着特别重要的意义。因此，基于神经计算的智能信息处理是模拟人类形象思维、联想记忆等高级精神活动的人工智能信息处理系统。[1][2]

总的来说，上述两类智能信息处理系统的区别可以由传统计算机与神经计算机（即人工神经网络信息处理系统）的主要特征来看。[1][2][3]

（1）神经计算机由大量简单神经处理系统连成，解剖学表明人脑有 1011 亿个神经元，每个神经元相当于一个处理器，神经网络是以网络形式进行计算的并行处理系统。而传统计算机是以冯·诺依曼计算机思想设计的，即使用并行机连接成超高速的信息处理系统，但每个分机仍按一系列指令串行计算工作，且并行机之间的信息运算很少有相互协作关系，故在计算原理上两者有本质的差异。[1][2]

（2）从存储记忆功能来看，冯·诺依曼计算机中信息与知识是存储在与处理器分开的独立存储器中的，而神经计算机是以各处理器本身的状态与它们连接形式分布存储信息的，这使神经计算机具有强的自学习性、自组织性和高的鲁棒性。[1][2]

（3）传统计算机和人工智能采取逻辑符号推理的途径去研究人类智能的机器化，其智能信息处理系统可具有人类的逻辑思维功能，而神经网络计算机则以神经元连接机制为基础，从网络结构上去直接地模拟人类的智能，有人类的联想思维功能。其智能信息处理系统可具有形象思维、灵感，当然也有推理意识诸功能。[1][2]

（4）从知识处理来看，在处理能明确定义的问题或运用能明确定义的概念作为知识时，计算机一般具有极快的速度和很高的精度。但是对于无法将知识用明确的数学模型表达，或者解决问题所需的信息是不完整的或局部的，或者问题中许多概念的定义是非常模糊的，如从人群中迅速识别出一个熟人，从车辆繁忙的马路上迅速决定自己能否通过等，这类智能处理，即使用超级计算机也显得无能

① 何振亚. 计算智能信息处理. 数据采集与处理，1996，11（2）：85-88.
② 百度文库. 神经网络在智能信息处理中的应用. http://wenku.baidu.com/view/9ff878c35fbfc77da269b11e.html.
③ 何明一. 综合智能信息处理——形势、趋向、问题与突破口. 电子科学导报，1998，（2）：5-8.

为力或相当笨拙，而模仿人脑功能的新型智能信息处理系统就能极快地处理。①②

　　目前，智能信息处理技术主要有以下四种：①文字识别技术。用电子计算机自动辨识印刷在纸上或人书写在纸上的汉字。学科上属于模式识别和人工智能的范畴，是文字识别技术的最高峰应用，是汉字处理信息系统中的一种高速自动输入方式。汉字识别也是智能计算机智能接口的一个重要组成部分。当前国内外正在开展汉字识别的研究，它涉及模式识别和图像处理、人工智能、形式语言和自动机、统计决策理论、模糊数学、计算机、汉字信息处理等学科，也涉及语言文学，是一门综合性的技术。③　②语音识别与合成技术。语音识别主要是让机器听懂人说的话，即在各种情况下，准确地识别出语音的内容，从而根据其信息执行人的各种意图。语音信号处理简称语音处理，主要包括语音识别、语音合成、语音编码和说话人识别等四大分支。语音识别技术指计算机能根据人类说话的语句或命令作出相应的反应，当声音通过一个转换装置输入计算机内部并以数字方式存储后，语音识别程序便开始以所输入的声音样本与事先储存好的声音样本进行对比，对比完成后计算机会算出数个最匹配、最接近的声音样本序号，这样就可以知道所输入的声音意图及内容。④⑤⑥⑦　③网络智能化技术。计算智能是以结构演化为基础，用生物进化的观点认识和模拟智能的。它在并行搜索、联想记忆、模式识别、知识自动获取等方面应用广泛。当前，将经典的人工智能方法和计算智能方法相结合，以数据仓库为基础，通过综合运用统计学、模糊数学、神经网络、机器学习和专家系统等途径，从大量数据中提炼出抽象知识，揭示蕴含在数据背景中客观世界的内在联系和本质规律，

---

　　① 何振亚. 计算智能信息处理. 数据采集与处理，1996，11（2）：85-88.
　　② 百度文库. 神经网络在智能信息处理中的应用. http://wenku.baidu.com/view/9ff878c35fbfc77da269b11e.html.
　　③ 兰星. 汉字识别简介. 郑州工业高专学报，1994，10（2）：77-79.
　　④ 董砚秋，耿岩，郭巍. 语音信息处理技术. 网络与信息，2008，12：72-73.
　　⑤ 张娟，董砚秋，韩浩. 语音识别系统的简述. 科技资讯，2006，（33）：38.
　　⑥ 程亮，缪福成. 车载语音点歌系统的实现. 微计算机信息，2009，25（13）：254-255.
　　⑦ 张文华，李会凯. 基于智能语音控制的互动式玩具的设计. 现代电子技术，2009，23（310）：139-141.

实现数据开采和知识发现，已成为人工智能领域中的研究热点。而以智能体
(intelligent agent) 概念为核心的分布式人工智能理论是当前研究的另一热点。
近年来，智能理论长足发展和广泛应用，引导了信息技术的智能化发展方向。
其中，智能通信技术最重要的内容便是网络技术的智能化。[①] ④智能控制技术和
智能机器人技术。智能控制是自动控制发展的一个新阶段，是人工智能、控制
论、系统论和信息论等多种学科的综合与集成，是当前的一个研究关键。[②]

三、资源开发阶段工作

如前所述，我国民族教育信息化建设资源开发阶段主要涉及资源的组织和
加工工作。从目前开发现状来看，民族教育资源开发与利用结果，一般以地方
民族读本和学校校本课程（教材）形式呈现。本书研究力图突破这种"课外读
物"的呈现现状，在原有的"添加模式""贡献模式"基础上，倡导将民族文化
资源整合到课程体系中去，尽可能实现"转换模式"和"活动模式"，以达到多
元化整体重构的目标。基于此，笔者认为，我国民族教育信息化建设资源开发
阶段工作可如图4-4所示。

总体而言，民族教育信息化开发以构建优质共享资源库为最终工作目标。
资源库构建的目的在于通过引导学生从不同民族、不同种群的多元文化视角来
认识某一主题，提高其沟通、协调、系统分析问题的能力。毕竟，"一个学生看
待知识和过程的方法越多，他理解得也越彻底。同时，学生们开始意识到其知
识的不完善。这样的教育会促使学生们致力于了解他们所生存的这个世界的复
杂性"[③④⑤]。笔者认为，民族教育信息化以资源库为基础，也将会使不同文化背

---

① 吴文昭．信息的智能化技术综述．甘肃政法成人教育学院学报，2006，(1)：179-180．

② 上官军胜．智能控制技术．经营管理者，2010，4：378．

③ 艾伦·C. 奥恩斯坦，费朗西斯·P. 汉金斯．课程：基础、原理和问题．柯森译．南京：江苏教育出版，2002：389．

④ 许琴．如何提高学生的音乐鉴赏能力．大舞台，2015：200-201．

⑤ 于晓晶．后哲学文化为基础的学校音乐教育．南京师范大学博士学位论文，2011．

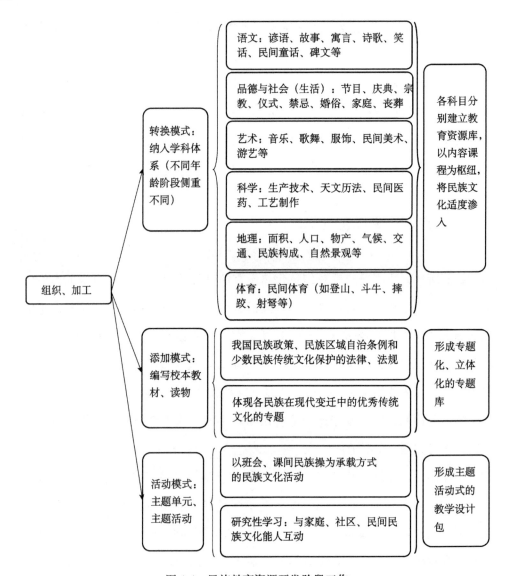

图 4-4　民族教育资源开发阶段工作

景的学生通过相互沟通有效减少偏见、消除歧视，提高弱势族群的文化认知能力。对于民族教育信息化建设资源开发中的资源库构建，本书初步设想分为"构建民族本体库"和"构建民族教育资源库"两个步骤实现。

1. 构建民族本体库

构建民族本体库，首先必须依据一定归类原则对民族进行分类，此归类原则与后续的资源筛选密切相关。本书认为，根据民族所处的地域来建立民族本体体系也具一定的可行性。

　　其次，选择某种对其本体进行描述的描述语言。本体描述语言主要对类作出描述，上述民族本体体系中除了叶子节点以外的各个民族集合，都可以作为类。本书所采纳的本体语言是一种框架语言（frame language），吸收了 Generic Frame Protocol 的设计思想。[①]

　　再次，对民族本体的属性和关系予以描述。民族是一个社会学概念，涉及的内容比较广，本书将民族本体属性分为概况属性和详述属性两种。其中，民族的概况属性主要描述的是民族一些基本的外部属性，主要包括民族人口、民族分布地、民族人种特征、民族组成等；民族的详细属性主要描述的是民族整体的内在性质的属性，包括文字、语言、宗教信仰、节日、文化等。比如，下面分别从民族人口、服饰属性进行描述。

```
Defcategory 民族人口
{
  属性:人口
      :类型 字符串数组
      :侧面 时间
      :注释"民族在某时间的人口数"
}
Defcategory 民族服饰
{
  属性:民族服饰
      :类型 字符串数组
      :注释"民族的服饰,一般包括'女子服饰'和'男子服饰'"
  属性:女子服饰
      :类型 字符串数组
```

　　① 孙玉婗，张玉强．基于本体的综合评价自动生成系统研究．情报杂志，2007，(2)：31-33.

:注释"女子一般的穿着打扮"

属性:男子服饰

   :类型 字符串数组

   :注释"男子一般的穿着打扮"

属性:饰品

   :类型 字符串数组

   :注释"民族的饰品。如傣族的饰品:筒帕、竹笠、腰箩"

属性:首饰

   :类型 字符串数组

   :注释"民族的首饰"

}

最后,利用某种软件构建出民族本体库。图 4-5 即为利用软件 Protege3.4.6 构建出的傣族本体库。

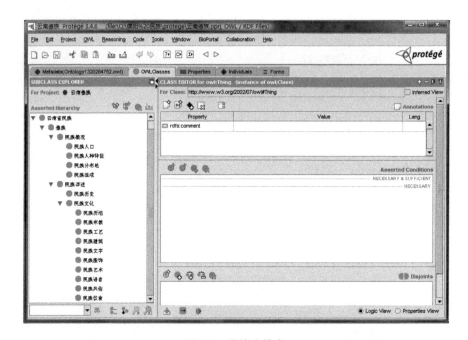

图 4-5　傣族本体库

2. 构建民族教育资源库

民族教育信息化教育部重点实验室是我国民族教育信息化的展示、信息发布、用户服务、协作科研、共享资源接口的窗口，目前在民族教育资源建设方面已经取得了一定的成果。其在开发过程中，操作系统为 Microsoft Server，开发语言为 Asp. Net，数据库系统为 Microsoft SQL Server。下文以其建设成果为个案，对民族教育信息化资源开发的数据库建设已有结果略作陈示（图 4-6～图 4-8）。

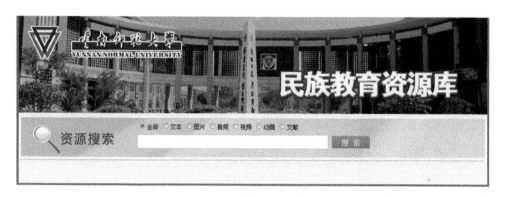

图 4-6　民族教育资源库首页

图 4-7　民族教育资源库彝族个案

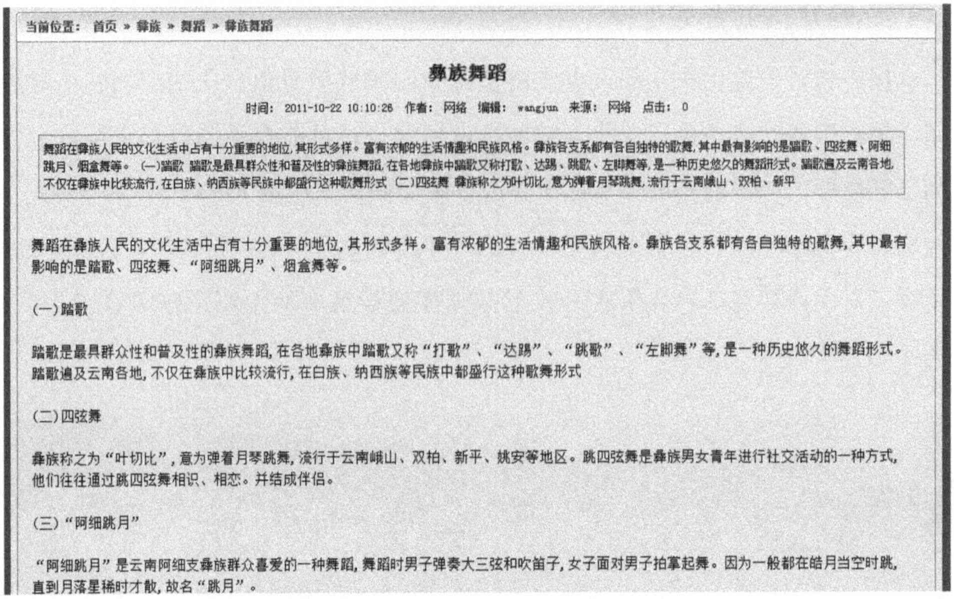

图 4-8　民族教育资源库彝族舞蹈个案

　　综观全球教育信息化资源开发现状，其具有如下四个方面发展趋势：①目标全面化。教育信息化资源开发不能只关注学习者的知识需求，不能只考虑传授知识，而应兼顾学习者智力与非智力两个方面的发展需求。因此，教育信息化资源开发的关注点要广泛涉及情感因素、价值观、动手能力、运动技能等方面，努力做到把知识传授和学习者的生活、时间结合起来，着力关注学习者德、智、体、美等方面的全面发展。②类型多样化。随着现代社会对人们综合素养需求的提升，学科之间分割、独立的局面已经不再适应发展要求。教育信息化资源开发需要打破学科界限，以培养信息素养为目标整合多学科资源，通过为学习者提供类型多样化的信息资源培养他们的综合科学素质和全面认知能力。③内容个性化。适用于任何地域任何对象的信息资源是不存在的。因为教育教学面对的必然是不同的对象、各异的内容，其所采用的方式也各不相同。因此，在倡导个性化教育的今天，依据信息资源服务对象实现内容的个性化也成了一种必然趋势。教育信息化资源开发过程中，需要根据教育教学发生的时空特性、师生交流方式及对象培养目标，将资源的针对性和适用性体现出来。④载体现代化。随着科学技术的发展，凡是能用于存储、处理、传递和呈现信息的技术载体都成为教育信息化资源的载体。此时的课程不再仅仅是经验的组合或知识体系的呆板呈现，而成了经验和知识体系附加或融合了技术功能的特定表现形式，从而为 21 世纪课程的发展产生了重要影响。民族教育信息化发生于信息社会的时代背景之下，其开发出的资源必然以符合时代需求为基本准则。基于此，笔者认为，民族教育信息化资源建设中的开发必须把握上述全球信息化资源开发发展趋势。唯此，以之为途径实现民族教育跨越式发展的目标才会得以实现。

四、资源利用

教育信息化资源的利用，从宏观层面来说，是指国家或地区通过制定有关教育信息化资源利用的标准、制度、法规等政策和措施，大面积、高效率地利用各类教育信息化资源；从微观层面来说，是指教育信息化资源在教与学过程中的系统利用。[①] 就本书而言，更多意义上所指为微观层面的含义。

依循前述微观层面的教育信息化资源利用的含义，教育资源为教学而存在。那么，民族教育信息化资源建设要走出单调的、处于辅助地位的校本课程定位，必须将民族教育资源有机融入各学科中，实现校内、校外多元一体整合格局。因为这正如边际效应递减理论指出的那样：决定资源利用的效益不在于数量的多寡、容量的大小、类型的多少，而在于能否实现最大效度的实用性，即能否满足用户的适需使用、适时使用、适量使用需求。[②③④] 简言之，民族教育资源实用性越高越能满足用户需求，使用效益就越高，民族教育信息化资源建设工作价值越能得到体现。那么，民族教育信息化资源如何实现使用效益最大化的目标呢？笔者认为，"系统利用"目的在于实现系统运行效益最大化，在于使系

① 孙凡士，田小勇. 教育信息化资源开发与利用. 北京：科学出版社，2008：244.
② 胡小勇，詹斌. 区域教育信息资源建设现状与发展策略研究. 中国电化教育，2007，(6)：56-61.
③ 胡铁生."微课"：区域教育信息资源发展的新趋势. 电化教育研究，2011，(10)：61-65.
④ 张俊飞."微课"一种新的教学形态. 福建电脑，2014，(1)：204-205.

统内部各要素充分发挥效能。因此，其必然以系统性能最优化为基本前提。换言之，民族教育信息化资源利用可以以生态学系统最优化相关原则为鉴，探寻其使用效率最大化目标实现之策。

（一）限制因子

生态学中的木桶理论认为，木桶的容量是由木桶最短的板决定的。该定律在生态学中也被称为限制因子定律，它指出，物种的发展受到各种因素的综合影响，但其中有一种因素至关重要——限制因子。限制因子决定了生物的生存与发展的最大空间，当一种因子接近或超过生物的耐受范围时，它就会成为制约生物进一步发展的桎梏，成为限制生物繁衍的关键因素。[1][2] 民族教育作为一个生态系统，其整体效益的发挥如木桶理论所预言必然受制于其中的"短板"。因此，民族教育信息化资源利用首先需要找出关键限制因子，尽力将限制因素降到最低程度。

民族教育信息化进程中的不同阶段，可能存有不同的限制因子。起步期，硬件投入和软件开发是限制其发展的关键因素；推进期，随着投入的逐步到位，限制民族教育信息化发展的关键因素已经不是硬件和软件的匮乏，而转变成了各种制度、环境等潜件的缺乏；发展期，各种软硬件资源和潜件都已经具备，主体随之成了信息资源利用桎梏能否突破的关键。[1][3]简言之，民族教育信息化发展在不同时段、不同地区都可能存有限制因子。但限制因子并非一成不变，而是随着外部环境条件和内部因素的变化而转变的。因此，民族教育信息化在不同时期要求我们保持高度敏锐度，密切关注生态因子的动态变化，保证民族教育信息化的可持续发展。[1][3]在信息资源利用期，笔者认为，信息素养是一个关键性的限制因子。因为即使信息资源再丰富，如果使用者缺乏必要的信息素养，

---

① 罗勇为. 基于生态学视角的基础教育信息化可持续发展研究. 中国电化教育，2010，(6)：22-25.
② 范新星. 基于生态学视角的基础教育信息化发展研究. 华中师范大学硕士学位论文，2009.
③ 李彦敏，安素平，孙鲲. 生态视域下基础教育信息化可持续发展研究——以厦门市为例. 集美大学学报，2011，12 (4)：72-75.

再富足的信息资源也难以体现其价值。比如，目前我国教育信息化过程中广泛存在的由于领导观念跟不上信息化进程，最终导致信息化建设出现偏差、决策失误；教师观念无法适应信息化教学的需要，最终导致教师主观意识上对信息化教学方式缺乏主动，对教育资源无法做到自如运用；技术人员对教育信息化的理解存在偏差，最终导致所设计开发的教育资源不符合技术规范、缺乏适用性。[①] 这些问题的出现从本质上来看，都是信息素养缺失导致的。因此，要实现民族教育信息化资源被利用且发挥最大效益，必须补齐使用者信息素养这块关键的"短板"。否则，该限制因子将成为民族教育信息化的桎梏。

（二）适用场域

生态学中的耐度定律指出，物种的生存繁衍必须要有适宜的外部环境，其中任何一个因子超过其耐受度都可能导致一个种群的灭绝；与此同时，这种生态因子还会影响其他因子的耐受度，导致整个生态系统相当脆弱。[②] 将此原理运用于民族教育信息化问题研究中，民族教育生态系统中的每一个构成要素都必然有存在的最佳场域，有其效能发挥的最大耐受度。

信息资源依附于现代高科技媒体，能突破时空界限并做到图文并茂。从此角度讲，其利用的深度和广度均应得到提倡。首先，从广度来看，可以把信息资源广泛应用于课内学习、课间活动和课外实践三种类型教育活动中；从深度来讲，可以将信息资源结合各学科门类需求进行两次乃至三次开发。然而，在使用过程中必须避免出现唯其至上的局面。在我国教育信息化前期推进过程中，不分学科、无视需求地盲目强调信息化，结果却收效甚微。已经证明：信息化资源的存在及其最大效益的发挥是有一定条件的、是有一定场域需求的。总体来看，该场域包括社会环境、规范环境，以及教育对象的生理和心理环境等方面，但其中的生理和心理环境至关重要。因为越来越多的研究结果表明，只有

---

① 范新星．基于生态学视角的基础教育信息化发展研究．华中师范大学硕士学位论文，2009.

② 罗勇为．基于生态学视角的基础教育信息化可持续发展研究．中国电化教育，2010，（6）：22-25.

深入课堂教学层面，在既能满足教师的常态教学资源需求又能不断动态生成新的课程资源的时候，教学资源建设才能从肤浅走向深刻。①②③ 而该局面的出现，必须以教育者和受教育者积极接纳并主动探索的心态为前提才能实现。因此，社会和学校在信息资源利用过程中，应关注该限制因子并作出应有的贡献。

在应试教育阴影仍然挥之不去的今天，民族教育信息化利用难免会迈入传统的刻板评价的误区。笔者认为，民族教育信息资源的利用可以吸取前人的经验教训，各级各类部门在民族教育信息化发展进程中必须遵循因地、因人制宜的原则。首先，对资源利用情况进行评估时，不能循着以往制定并使用统一的评价标准去衡量信息化水平的惯用思路，而应根据各地实情分地区、分学校制定不同的评价标准，并在实施过程中不断完善。因为，整齐划一的标准难免会给学校带来无形的压力，容易使其丧失信息化建设的信心。④ 其次，各级各类教育部门在制定各种激励政策、教育政策时，也应尽可能地遵照适宜原则，考虑教师、学生的实际情况。⑤ 如果各学校不顾自身实际情况，盲目追求信息化建设的超常规发展，忽视教师的身心健康及学生的接受程度，必然导致发展失衡。② 再次，在信息资源利用人才队伍培养上，各类型信息化人才培养政策制定应以人为本，充分考虑学科、地域实际需求，开展个性化培训而不是用统一的教育目标、内容和方法培养定型化队伍。最后，各级、各类部门应明了各自需求的资源的特性并鉴别采纳。如今，信息资源来源途径众多、生产主体层次各异，如果不加鉴别地一味推广，结果同样不得而知。总而言之，民族教育信息化的资源利用必须以符合其存在场域为基本前提。在人为创设各种环境的过程中，必须充分考虑到各种环境中主体的耐受度和适应度，过分的干预和控制都将对我国民族教育信息化稳步发展产生不利影响。⑥

① 吴刚平. 深入研究教学过程中的动态生成的课程资源. 福建论坛，2006，(6)：4-5.
② 张俊飞. "微课"一种新的教学形态. 福建电脑，2014，(1)：204-205.
③ 胡铁生. "微课"：区域教育信息资源发展的新趋势. 电化教育研究，2011，(10)：61-65.
④ 吴刚平. 深入研究教学过程中的动态生成的课程资源. 福建论坛，2006，(6)：4-5.
⑤ 罗勇为. 基于生态学视角的基础教育信息化可持续发展研究. 中国电化教育，2010，(6)：22-25.
⑥ 范新星. 基于生态学视角的基础教育信息化发展研究. 华中师范大学硕士学位论文，2009.

（三）整体效应

在一个功能完备的生态系统中，物种之间的营养关系往往并非简单的直线关系而是一种复杂的网络结构。[②]通过物种之间的物质流、能量流、信息流传递摄取，它们之间形成了纵、横向交错的交叉生态链。[②]根据生态学的生态链法则，生态链上的物种之间存有千丝万缕的关系，保证合理分配其上的物质流、能量流，使生态链具备稳定性；反之，如果忽略了物质流、能量流分配合理、平衡问题而出现拥塞、断流局面，生态系统也将随之走向萎靡。据此法则，笔者认为，我国民族教育信息资源利用应着力体现周全、均衡原则，力争使有限的优质资源流向生态系统中的每个角落，及时分散到学校中的各个教研室、设备管理处、信息技术人员、教师、学生个体中。随着信息资源不断在教育生态系统中流转，生态链上的物种将得以联为一体；随着信息资源逐渐由径流变为不明显的细小潜流，其效能也在转移和潜移过程中得以发挥；随着系统内各物种被积极调动起来参与到系统有序运行中，系统的最佳整体效应将得以发挥。[①]

据生态学常识，系统整体效应的发挥需要立足于系统内各要素的和谐共生关系之上。因此，一方面，为了保证信息资源的可用性，各级电教馆、中小学校及教育软件开发公司等应该联合起来，通过合作建立共生关系。具体而言，从分工上看，中小学校可以负责教育资源的需求分析，电教馆可以负责将各学校的需求综合起来后设计产品策划方案，教育软件开发公司则可以具体负责设计真正适合教学需求的产品。[①]这样，以往学校、电教馆、软件公司各自为政、资源混杂的局面将被打破，在彼此之间互助共生关系得以建立的基础上，开发出的信息资源的可用性也将得以保证。[①]另一方面，资源利用过程中应注意系统内部各因子的职能分工，在合理定位的基础上充分利用资源，避免长时间、重复占用资源。以成员业务培训为例，各级培训机构就应该注重系统内部各个因子之间的联系，应该发挥培训对象整体的效应，避免重复培训。[①]具体来看，国

---

① 范新星. 基于生态学视角的基础教育信息化发展研究. 华中师范大学硕士学位论文, 2009.

家基础教育信息化发展中心可主要负责组织人员对国家、省级电教馆工作人员进行信息化教学理念及先进信息技术的培训，省级电教馆工作人员可主要负责各地方中小学校长、信息技术人员的相关培训。[①]至于学科教师及各级管理人员的培训，则可以主要在校内进行。[①]由学校领导强化基础教育信息化的基本理念、信息技术人员指导学科教师的实际教学，在相互沟通相互影响过程中，民族教育信息化主体之间将形成一个相互联系的生态整体，并共同致力于促进民族教育信息化的稳步发展。[①]

（四）信息交流

生态学中的"花盆效应"（也叫局部生境效应）指出，花盆作为一个半人工、半自然的小生态环境，是一个由人为能力控制的生存环境。[①②③]一旦失去人力的控制，花盆内个体的生存就会受到威胁。[①②]该定理指出了生态系统与外界联系的重要性。若将此应用于民族教育信息化问题分析中，笔者认为，民族教育特殊性的存在与其环境、主体的特殊性相关，而此种特殊性在某种程度上讲正是由于其发展的封闭性造成的。民族教育信息化需要解决这种封闭造成的特殊性，使民族教育通过跨越式发展与世界教育发展同步。基于此，民族教育信息化建设比任何其他类型的信息化都需要突破花盆效应，进行信息交流。如若民族教育信息化沿着以往的花盆型圈闭发展模式，民族教育将永远无法融入世界教育之中。

民族教育信息化建设中的资源利用，必须要突破"花盆效应"，实现信息交流。从具体策略来看，可以从以下三方面入手。

首先，加强地区之间信息化建设交流。教育在社会大系统中，是一个相对独立又需要与外界沟通的生态系统；在教育生态系统中，各子系统之间的关系依旧如此。它们之间相对独立，但基于物质流、信息流、能量流的流动又紧密

① 范新星. 基于生态学视角的基础教育信息化发展研究. 华中师范大学硕士学位论文，2009.
② 蒋新萍. 基于职业教育生态观的高职院校技能竞赛. 教育与职业，2014，(32)：172-173.
③ 曾祥跃. 网络远程教育的个体生态学研究. 现代远距离教育，2011，(6)：21-25.

联系在一起。因此，民族教育应该不断加强与其他地区教育开展信息交流，推动教育系统不断更新升级。基于此，国家层面的教育管理部门应组建教育信息化发展状况发布平台，定期发布各地区教育信息化实施情况。同时，组织各地区之间相互观摩教学，取长补短，共同进步。

其次，促进信息化技术人员之间的交流。人是教育生态系统中最重要的生态要素。没有人的推动，教育作为一个人造生态系统根本无法运行发展。民族教育生态系统中的信息化建设，同样离不开技术人员这个核心主题。[①] 技术人员的素养层次，直接决定着信息化建设的进度和水平。[①]因此，民族教育信息化进程中的资源利用环节，技术人员的交流至关重要。在资金充足的情况下，将民族地区的信息技术人员派往发达地区学习经验、接受信息化建设的面对面指导，必然是一种首选模式。然而，由于我国民族教育信息化起步阶段资金匮乏，该模式未必得以采纳。针对此局面，笔者认为，构建"教师专业发展共同体"以促进信息交流的发展模式也值得推荐。从现有经验看，这种以"分享"为基本精神、以自愿为基础、以促进信息化活动有效开展为目标的发展模式，确实能有效地将一线建设人员的经验综合并传播开来。

最后，关注教育者与受教育者之间的有效沟通。如前所述，本书民族教育所用之"教育"为狭义的学校教育。因此，此处所谓的教育者和受教育者所指为教师和学生。教师和学生是民族教育信息化中资源利用的两个关键主体，从某种意义上讲，民族教育信息化的根本服务对象就是他们。如果教师和学生对建设好的信息资源不予理会，民族教育信息化的效益也便成了空谈。然而，由于教师和学生所具有的知识、素养各异，他们对信息的需求也层次不同。毋庸置疑的是，无论教师利用何种层次的信息资源，都将最终应用于教育教学中；无论学生利用何种信息资源，都将最终服务于其社会化成长进程。因此，教师和学生在利用资源过程的前、中、后，进行有效的沟通都是必要的。根据以往的经验，教师与学生之间的交流沟通，可以在教学过程中进行，也可以在师生

① 范新星. 基于生态学视角的基础教育信息化发展研究. 华中师范大学硕士学位论文，2009.

共同参与的学习、生活活动中进行；可以采取一对一的方式进行，也可以采取一对多的方式进行；可以利用面对面的形式进行，也可以采纳电子邮箱、在线学习平台、博客等形式进行。总的来讲，通过师生之间的沟通交流，教师可以了解到学生所处的信息素养层次、学生的学习兴趣点所在，以及学生接受信息资源的意向性方法；学生则可以在教师的指导下，学习择取信息资源的方法和手段，摆脱在浩如烟海的信息浪潮中迷失的困境。

　　总而言之，民族教育信息化作为现代的特殊事业，因其信息化的共性可以从前者或者其他类信息化中吸取经验教训，同时也因民族教育的个性必须摸索创新。基于民族教育是一个相对独立的教育生态系统之事实，上文从发挥生态系统最优性能的角度出发，对民族教育信息化中的资源选择、开发、利用问题进行了分析，并提出了若干建议。需要指出的是，这些建议只能停留于宏观层面的策略指导，具体的实施方法仍需依据具体的民族、地域、教育实情予以择取。此外，资源建设完成之后涉及一个极为关键的问题——评价。以我国民族教育信息化前期工作——"农远工程"效益评价为鉴，在评价过程中必须对概念使用、标准定位、评价时机、评价主体等问题予以关注。具体而言，在研究中应将涉及的概念界定清楚，并根据研究问题的实际合理运用，应纠正片面强调设施应用效益的评价观，应正确把握评价时机，避免操之过急脱离实际，应在效益评价中实现相关利益主体的合理归位。[①] 唯此，民族教育信息化的资源建设才会真正通过"以评促建"实现良性循环。

① 梅英．谈"农远工程"效益评价的几个问题．基础教育，2010，（8）：20-23.

第 五 章

民族教育信息化环境构建研究

民族教育信息化最终服务于民族教育，其所构建的环境从本质上来说属于教育环境。所谓的教育环境，是指与教育这个中心有关、一切可以运用于教育教学或对教育教学产生影响的物质条件、自然条件、社会条件等，是教育活动一旦产生就被抛入其中的一种文化氛围。从宏观上看，它包括教育活动赖以存在的社会环境、经济环境、政治环境和文化环境；从微观上讲，它又包括为具体教育活动展开所创设的种种条件。① 简言之，教育环境就是围绕教育这一主题周围的一切物质的、精神的条件。

在教育环境的基础上辅以信息化的特殊性所构成的教育信息化环境，就是指与教育活动相关的、系统化的信息技术条件。具体而言，教育信息化环境包括硬件环境、软件环境和人文环境三个方面。三者中，硬件环境是基础，软件环境是保障，人文环境是关键，三者互相促进，缺一不可。② 教育信息化发展水平很大程度体现在教育主体对信息的吸收、转化和利用上，信息化环境是信息化实现的前提，是信息得以孕育、培养、实现信息效用化的温床。③因此，我国民族教育信息化进程中，信息化环境构建是前提、是基础、是一个至关重要的问题。

---

① 范玉秋. 教育环境的哲学思考. 山东行政学院学报，2009，(5)：124-126.
② 宋正国，刁秀丽. 论信息化教育环境的构建. 中小学电教，2006，(2)：20-21.
③ 王同江. 我国西部信息化环境构建论. 全国商情（理论研究），2009，(24)：22-24.

第一节　环　境　概　述

英国《不列颠百科全书》将"环境"一词解释为："包围人类，并对其生活和活动给予各种各样影响的外部条件的总和。"① 《辞海》将其解释为："围绕着人类的外部世界，是人类赖以生存和发展的社会物质条件综合体。"② 简言之，环境其实就是包围在人类周围由若干自然因素和人工因素有机构成的，并与其生存内的人相互作用的各种条件的总合。

环境从不同角度划分，可以有不同的分类：从环境内容角度进行划分，可以划分为自然环境、社会环境、文化环境；从环境所辖范围的伸展性角度来划分，可分为大环境、中环境、小环境；从环境所包括的各项内容之特定性质角度划分，可分为硬环境和软环境。③ 在三种分类方法中，以自然环境、社会环境、文化环境三分法较为常见。值得一提的是，将环境划分为硬环境和软环境的方法，本是计算机学科知识之硬件、软件二分法延伸的结果，将其应用于实际问题分析中却也不无道理。因为根据世界物质、意识二分法，人的生存生活环境从本质上来看也不外乎此二类。所谓硬环境，就是由主体活动所需要的那些物质条件、有形条件之总和构筑而成的环境；而所谓软环境，就是由主体活动所需要的那些非物质条件、无形条件之总和构筑而成的环境。此外，此种分类方法也启示我们，为主体的某种活动去创造条件时，硬环境固然重要，但软环境也绝不可忽视。硬环境由于通常由有形的物质条件构成，人们能认识到它的重要性、紧迫性，因此较容易得到关注。但是，软环境由于常由无形的非物质条件构成，因此经常被人们忽视，容易在人们的视野中消失，需要特别多加强调。此外，硬环境的提供比较具体、明确，软环境却有较大的伸缩性，不易

①　郑璐佳．人·行为·环境——关于环境"适用性"的思考．昆明理工大学硕士学位论文，2005.
②　夏征农．辞海．上海：上海辞书出版社，1983：1205.
③　马志政．探讨环境分类建立哲学环境理论．杭州大学学报，1997，(3)：84-92.

判断它的优劣，这也容易导致人们忽视软环境的建设。但是我们对两类环境的分析表明，硬环境所内含的条件要充分、有效地发挥作用需要有软环境的良好运行为前提。硬环境是死的，软环境是活的。无论如何，我们必须重视软环境。① 基于此，本书将民族教育信息化环境分为硬环境、软环境两个构成部分。之所以如此，一方面是因为教育信息化所用的关键技术便是计算机科学技术，另一方面则与前述由于容易忽视软环境建设而因此需要特别强调相关。

如上所述，民族教育信息化环境分为硬环境与软环境两类。其中，所谓的硬环境就是民族教育信息化目标实现所需要的物质条件、有形条件的总和；软环境则反之，就是民族教育信息化目标实现所需要的非物质条件、无形条件的集合。若从教育技术是硬件、软件和潜件、精神三者一体化后形成的融件出发，硬环境就是各种硬件设施的集合体，软环境则为各种软件技术、规章制度及内涵的人文精神的系统。本书将专列一章探讨教育信息化环境的构建。

首先，民族教育信息化硬环境的主要构成元素——基础设施，其实就是指民族教育信息化环境中的各种硬件配置，它们是信息化的基础。从目前教育信息化发展水平来看，学校教育信息化的硬环境主要包括如下七个方面：①校园计算机网络。校园计算机网络是利用现代网络技术、多媒体技术及因特网技术等为基础建立起来的，它能保证学校每个教室、教师办公室、实验室、计算机房、电子阅览室、学生活动室之间互联互通，并实现对外沟通交流，从而为学校的教学、管理、信息交流和通信等提供综合服务的网络应用环境。校园计算机网络建设涉及城域网接入、校园网络布线、网络交换设备、服务器等方面。②广播电视网络。校园广播系统主要应用于学校各种公共场合，是一个为学校上下课电子铃声、英语听力考试、通知、升国旗、课间操、播送课间音乐、表扬先进、召开全校大会等活动提供服务的语音系统。校园闭路电视系统主要安装在教室、会议室、餐厅、图书馆等场所，以视频形式为学校提供文化、艺术、美育等方面服务。从目前情况来看，上述两种设施都是学校教育教学、精神文

---

① 　马志政．探讨环境分类建立哲学环境理论．杭州大学学报，1997，(3)：84-92.

明建设的重要阵地。③计算机网络中心。计算机网络中心能为学校基于计算机网络环境下开展的教育教学、管理、科研、沟通交流等活动的正常进行提供保障，是校园计算机网络系统的核心部分。其中，具体的设施配置涉及路由器、交换机、服务器、网络安全设备等。④校园视频中心。校园视频中心是校园闭路电视系统的核心部分，具有系统控制、视频采集、视频演播、视频编辑等功能，能为校园闭路电视系统的正常运作提供保障。⑤多媒体、多功能报告厅。多媒体、多功能报告厅具备会议厅、视频会议厅、报告厅、学术讨论厅、培训厅的多种功能，可以承担学校重大会议、专题报告、学术讲座等任务，是学校重要的学术活动和进行思想教育的场所。⑥数字化语音室。数字化语音室具有语音室和多媒体教室双重功能，整个系统将声音、数据、文字、图形、影像及学习成绩的评判有机地融于一体，大大提高了语言学习的质量和效率。它可以使语言教学更为生动和形象，并最终为教学效果最优化提供保障。⑦多媒体教学设备。多媒体教学设备指安装或配置于中小学教室专用于课堂教学的多媒体辅助教学设施，一般由投影仪、视频展台、投影屏幕和计算机等设备组成。①

其次，民族教育信息化软环境的技术平台，主要是民族教育中系列基于Web网络平台开发的管理系统。从教育信息化发展现状看，应包括如下五个内容：①学校管理平台。学校管理平台是一套基于校园网环境下的校园信息管理系统，针对学校基本信息、教务信息、学生信息等方面进行数字化管理。具体而言，主要包括教务管理、办公自动化、科研管理、人事管理、财务管理、财产管理和后勤管理等模块。②教师专业发展平台。教师专业发展平台是一套基于校园网环境下的教师信息管理系统，为教师个人发展档案，教学资源共享、教育研究、德育活动等提供数字化、个性化、共享式服务。平台的建设和完善，有利于减轻教师负担、提高教育教学质量。③学生学习成长平台。学生学习成长平台是一套以学生为本，基于校园网环境下的学生信息管理系统。平台通过对学生学习过程、成长经历、学习档案、班级活动等进行记录，从而有效促进

---

①　徐星宇.嘉定区中小学教育信息化研究.华东师范大学硕士学位论文，2010.

学生主动学习、自我调控、协作互动、健康成长。④网上教学教研平台。网上教学教研平台是一套基于校园网环境下，开展教育教学、教学研究活动的教育管理系统，它能为教师开展网络备课与授课、网上答疑、网上听课评课、课件点播等教学研究活动提供服务。⑤家校信息平台。家校信息平台旨在通过多形式、多渠道实现家长与学校、与教师、与学生之间的信息交流与共享，构建一个家校信息互动平台。基于该平台，家长可以了解学生在校的学习生活情况，对学校教育工作献计献策；教师可以通过网上辅导、留言、短信互动、作业讨论与学生家长互动，了解学生在校外的学习、生活情况。①

再次，民族教育信息化软环境之管理制度，是指各级各类部门针对民族教育信息化制定的规范、条例和规划等。完善的管理制度，是民族教育信息化得以实现的重要保障。因为只有通过科学的网络管理、信息管理、安全管理制度，才能保证教育教学管理、行政办公管理体系安全、稳定、有序运行。基于此，在民族教育信息化软环境建设过程中，应对民族教育信息化的领导机构、建设规划、管理规范、网络和信息安全条例等方面予以翔实、全面的思考构建。

最后，民族教育信息化软环境之人文精神。"人文"一词，一般而言用于泛指人类社会的各种文化现象。在中国古代文献中，"人文"一词最早出现于《周易》中："刚柔相济，天文也；文明以止，人文也；观乎天文以察时变，观乎人文以化成天下。"此中的"人文"，指诗书礼乐等礼教文化。"人文"的另一含义指人事，与自然相对。比如，《后汉书·公孙瓒传》中："舍诸天运，征乎人文。"作为一种附着在社会本体中的无形环境，自然环境与人文环境的区别在于：自然环境是自然界固有的，而人文环境是人类创造的。简言之，"人文环境"就是贯穿于人类历史全过程的、渗透在人类改造世界的活动中、带有人类自觉追求的思想、意识和活动印记的无形环境。人文环境中包含特定社会共同体的态度、观念、认知和信仰系统等内容，正是在这些内容的作用下，它才能

---

① 徐星宇. 嘉定区中小学教育信息化研究. 华东师范大学硕士学位论文，2010.

在特定的精神环境中通过文化观念和潜在的精神力量产生价值和导向，完成对社会成员的影响和教育过程。[①] 从此意义来看，"人文"所发挥的作用其实是通过"文化"得以实现的。

综上所述，民族教育信息化环境决定着民族教育信息化。若将民族教育信息化的效益大小用三角形面积表示，信息化环境是该三角形的高，其他外部因素则为三角形的三条边。根据几何常识，高对三角形的存在和面积大小至关重要。首先，没有高，三角形的三条边将合为一体，三角形将不复存在；其次，三角形的面积直接受制于高的数量，高值小则面积小，高值大则面积大。从此意义上讲，信息化环境本身就是一种资本，是一种能带来财富增值的资源。于我国民族教育而言，它的存在目的就在于使当地信息生态由弱势转为强势，继而通过后发优势实现我国民族教育跨越式发展。

第二节　环　境　构　建

民族地区具有鲜明的地域文化和社区特色，信息化环境在当地作为一个新生事物，与其他地区必然存有一定差异。因此，在构建民族教育信息化环境之时，非常有必要依据信息生态学理论对环境构建所涉及的技术、人、文化等因素进行整体分析；在此基础上，遵循分层配建、师生实用和有效教学原则开展研究和实践。目前，民族地区发展面临的新问题和挑战已引发了学界不小的关注。为了推进其高效、持续发展，国内学者分别从国家政策倾斜、基础性建设带动、经济援助等方面提出了具体的对策与建议。笔者认为，民族教育发展离不开外部的援助及先进经验的借鉴，但其最终的落脚点依然是自身的实践。因此，针对民族教育信息化问题，我们依然在着力强调其自身发展与完善的基础上，倡导因地制宜进行民族信息化环境建设。

---

① 李兵，丁旭峰. 浅谈高校人文环境建设. 读与写：教育教学刊，2008，5 (10)：92-93.

结合我国民族地区社会、经济、文化发展现状与预期目标，笔者认为，民族教育信息化环境构建首先需要遵循层次性、适应性、有效性原则。所谓层次性原则，是指民族教育信息化环境的构建应根据民族地区经济和地域上的不同，适应各地实情，根据不同信息技术使用水平的要求，构建不同层次的信息化学习环境。所谓适应性原则，是指民族教育信息化环境构建应本着为教育教学服务的基本思想，建设当地一线教师认可的学习环境，其构建需以师生方便使用、高效实用为基本目标。所谓有效性原则，是指民族教育信息化环境构建应着力协助师生解决教育过程中的困难，提高教育教学的有效性。总而言之，民族教育信息化环境构建，必须充分发挥信息环境的正面效应，最终为教育教学最优化服务。在遵循上述基本原则的基础上，民族教育信息化环境构建若要在短期内高效完成，需对如下两个关键问题予以关注。

一、政策支持

"政策"是现代社会中使用得非常广泛的一个概念，但人们对它的含义却至今尚未达成一致，不同的学者仍各自持有不同的看法。总体观之，西方学者所理解的"政策"较为宽泛，且多从动态角度对其进行研究；我国学者对"政策"的理解较为确定，多从静态角度将其理解为行动的准则或某项规定。对于本书的研究议题——民族教育信息化所涉及的教育政策，我国学者多将其理解为国家为完成教育任务、实现教育目标所作出的准则性的规定。笔者认为，关注教育政策应兼顾其动态性和静态性。首先，教育政策是国家或政党为实现教育目标而制定的行政准则，它是根据教育面临的形势和任务确定的，不同历史时期必将有不同的教育政策。因此，教育政策具有动态性。此外，我国教育政策的表现形式多样，包括机关发布的决议、决定、命令、指示、通知、意见，以及党和国家领导人的报告、讲话等，有时还通过党报党刊的社论传达党和国家的教育政策。这些教育政策但凡经过实践证明是行之有效的、成熟的，便可通过一定的法律程序将其转化为国家的教育法规。① 从此意义上讲，教育政策具有静态性。在理解和制定教育政策之时，唯有利用辩证唯物主义原理才能将其理解透彻。

众所周知，我国少数民族多深居经济发展较为落后的山区、半山区之地，教育发展由于各种历史原因较城市滞后。当今时代，民族地区要发展，需要经济扶持；但更重要的是，需要特殊的政策支持。因此，政策支持是民族教育信息化环境构建的前提，是保证民族地区社会经济健康、全面发展的基础。民族教育信息化环境构建之所以如此强调政策支持，与作为社会公共事业的教育实现发展需要以公共政策为支撑密切相关。进一步细究，公共政策的价值又与其如下功能紧密相连：第一，分配社会资源。任何政府制定与实施公共政策，其目的都在于要将社会公共资源合理、有效地在它所服务的公众中进行分配，以维护社会稳定、促进社会进步与发展。因此，公共政策必须在公平目标和效率目标之间作出合理的选择与平衡。第二，规范社会行为。由于社会生活的多样性及人们之间利益关系的复杂性，现实生活中人们的社会行为是多指向性的，甚至是相互冲突的。因此，必须有相应的行为规范来约束人们的社会行为，将各种社会行为纳入统一、明确的目标上来，公共政策由此而生。第三，解决社会问题。对于有些公共问题，仅依靠个别部门或社会的局部力量是无法解决的，必须制定社会公共政策来运用社会力量借以实现通力协作、综合治理，方能有效地加以解决。② 第四，促进社会发展。公共政策通过公平、合理地分配社会资源、协调利益关系，通过约束、规范人们的社会行为和组织行为，通过解决种种社会问题，以追求社会的公平与效率，维护社会的稳定，进而能够有效地组织社会经济活动，繁荣科技文化事业，管理社会公共事务，并最终促进社会发展。③ 简言之，从一般意义上讲，任何政策的制定与执行都是为了实现一定的目标、解决特定的问题。民族教育信息化作为一项特殊的社会事业，其环境构建的实践过程必然具有特殊性；为了实现该特殊事业的预定目标、解决其存有的

---

① 吕玉萍. 对我国高等体育院校政策法规的探讨. 搏击（武术科学），2011，8（8）：116-118.
② 任小飞. 我国高校引智政策变迁研究. 山东经济学院硕士学位论文，2011.
③ 钱再见. 公共政策学新编. 上海：华东师范大学出版社，2006.

特殊问题，必须给予特殊的政策支持。

民族教育信息化环境构建需要政策支持，其根本目的在于为民族教育发展培育一个良性的、可持续发展的信息环境。因此，民族教育系息化所需的政策制定需要以民族教育信息化培育为主线，切实落实以下两点：第一，科学发展。我国现阶段的社会发展理念是坚持以人为本，树立全面、协调、可持续的发展观。较之以往社会发展战略，体现出发展观念的进步，也反映出发展战略的调整。发展观念的进步和发展战略的调整，是中国社会经济发展新阶段的要求。[①]民族教育信息化作为新时期的社会事业，必须紧扣时代主题来制定其发展政策。唯此，具有动态性的政策才能为民族教育信息化的发展提供有力的政策保障。第二，统筹兼顾。民族教育具有特殊性，但也具有现代教育的共性。民族教育信息化环境政策的制定和实施一方面要与当地实情相统一，这是区域社会发展的客观要求；另一方面要与时代要求相结合，这是国际社会发展的实际需求。因此，民族教育信息化相关政策的制定，要把时代的需求与当地的实情相结合、把国家的支持和当地自身的发展相结合、把国家政策的宏观指导与对西部自身发展的尊重相结合，在统一规划的同时给民族教育信息化建设一定的自主权和优先权。[②] 在此基础上，制定系列措施激励民族地区制定适合自身发展的策略，以增强民族教育自身的发展能力，并最终构建出具有中国特色的民族教育发展道路。

二、管理优化

教育管理部门优质、高效的现代管理是民族教育信息化环境构建的制度保障。然而，计划体制下的大政府特征与相对落后、薄弱的文化积累相互作用，造成了我国民族地区大多存在教育管理滞后、低效问题，成为教育发展的桎梏。

---

① 范玉秋．教育环境的哲学思考．山东行政学院学报，2009，5（100）：124-126.
② 王同江．我国西部信息化环境构建论．全国商情（理论研究），（24）：22-24，2009.

笔者认为，我国民族教育信息化的后期推进，优化管理是一个极为重要的问题。

立足民族地区的社会实情，笔者认为，优化民族教育管理可从如下三个方面入手：①管理民主化。民族教育要发展，必须加大改革政府的管理职能、坚决杜绝地方保护主义和裙带关系，克服政府管理的假、大、虚、空问题，实现管理民主化。共享、自由、平等是信息化最终的精神宗旨，也是其建设过程中的基本原则。因此，建立开放、诚信、有序的管理环境，是民族教育信息化环境构建的重要一环。建设过程中，必须充分发挥教育主体的政策知情权和评议权，真正做到问计于民、取信于民，实行科学民主决策。换个角度思考该问题，此举可以克服领导干部判断预见能力的缺陷，有效规避民族教育信息化巨额投资风险，减少失误，高效利用有限资源，走出一条符合当地实际的稳健发展之路。②管理高效化。精简政府部门设置和人员的数量、提高办事效率，是信息化环境培育的必然要求，也是信息化的最终目标。因此，民族教育信息化环境的构建过程中，要力推现代化信息技术手段，并通过其改造传统管理模式、提高管理效率，为信息的及时、有序、公正传递提供有力的技术支持。③管理人性化。民族教育信息化建设是全国性的系统工程，在这个系统中政府或学校的管理者、教师、学生都是教育信息化的主体。管理过程中，必须牢固树立"教育的对象是人，教育由人来实施"的理念，着力体现管理人性化。一方面，要注重学生这一主体，进一步着眼于"教育促进人的发展"问题的理论思考；另一方面，要注重教师教育技术能力的培养，充分认识到教师于信息化改革的重要价值所在，加快建设一支高素质的教育技术能力强的教师队伍，充分发挥教师的作用。此外，还要注重建立公平、有序、竞争的用人环境，大力加强管理人才培养、引进和任用机制，改变传统用人观念，以创造良性、竞争、有序、宽松的用人环境。要牢固树立以人为本的观念，把促进人才健康成长和充分发挥人才作用放在首要位置，努力营造鼓励人才干事业、支持人才干成事业、帮助人才干好事业的社会氛围。

第三节　环 境 评 估

民族教育信息化环境构建是工作延续的基础，对其成效如何进行评估并作出完善至关重要。因此，民族教育信息化环境评估在此中颇具意义，有必要对此问题予以专门论述。

"评估"一词存有广义和狭义两种理解方式。广义的"评估"，包含监测、认证、督导、考试和行政性的审查审批中的评审及各类评定、评比活动；而狭义的"评估"，则主要指向对已有表现或成就的判断。[①] 本书中的"评估"，所用为其狭义含义，所指为对民族教育信息化所构建的环境质量如何进行判断的过程。

一、评估主体

任何评估活动，涉及的都是三个核心问题，即"谁来评""评什么"和"怎么评"。其中，"谁来评"是决定评估活动科学性和合理性的关键因素，直接制约着"怎么评"和"评什么"的问题。因为教育评估从本质上讲是人的活动，不可避免地要受到评估主体的价值观、立场和知识背景的影响。因而，要使教育评估能更为全面、客观、科学地反映教育发展的问题，真正发挥评估的诊断、督促、引导、改进和激励作用，就必须首先解决"谁来评"的问题。[②]

民族教育信息化环境的评估，其评估主体包括两个部分——内部评估主体和外部评估主体。此两类评估主体根据其职能，又可细分为五类评估主体：①一线评估主体。民族教育信息化学习环境评估总体方向是由当地政府及教育行政部门领导为主逐步转变为政府及其教育行政部门为主的。因此，本书认为，一线主

---

① 袁益民. 教育评估的体制创新. 南京：凤凰出版传媒集团，2007：131.
② 学校管理操作规范. 教育教学评估方法＋原则和标准. http://wenku. baidu. com/view/4d78841252d380eb62946d16. html，2012.

体理论上还是应该由当地政府及教育行政部门统领。但在具体实施过程中，可以审时度势将权力下放，在评估过程中，政府与教育行政部门只起总体计划与监督的作用。②二线评估主体。二线评估主体主要是各级各类学校，以及这些学校里的校长、教职工、教师和学生。之所以如此，关键在于强化民族地区学校作为评估主体的主动性，真正以促进"发展"为核心建立评估机制。③三线评估主体。第三方非政府权威中介教育评估机构——NGO，即 Non-Governmental Organization，又称非政府组织。我国的 NGO 由于发展起来的时间不是很长，而且我国国情具有一定的特殊性，因此，我国的 NGO 大部分无法完全脱离政府的支持。这样做的目的在于 NGO 作为第三方评价机构既能够由政府赋予权力，进行资格认证和给予一定的财政支持，受政府监督，又能够独立于政府之外，从而成为联系政府、高校和社会的纽带。① ④四线评估主体。四线评估主体由相关专业专家队伍组成。需要注意的是，评估专家队伍的构成是否科学合理，直接关系到评估结果是否权威，是否能够反映民族教育信息化学习环境质量的真实水平。⑤五线评估主体。五线评价主体由各个"民族教育信息化环境"评估主体进行评价的评价组织组成，进行"实行评价活动的主体"元评价。

上述五线评估主题的职责和功能，分别如表 5-1 所示。

表 5-1　民族教育信息化环境评估主体职能功能表

类别	构成	职责	功能
一线评估主体	1) 国家少数民族教育教学质量监督中心 2) 省民族地区政府及教育局、教育行政部门 3) 民族地区地县市教委机关 4) 民族地区乡镇教育综合评价部门	1) 安排总体评估计划（评估时间段、评估地点、评估的原则、价值取向等） 2) 监督计划按目标方向实施 3) 提供必要的人力、物力资源 4) 检测信息数据真实性与客观性 5) 积极寻求多元化合作交流	1) 计划功能：评估机制设立 2) 定向功能：评估总目标定向 3) 支持功能：评估工具资源的支持、评估资金的储备 4) 权威保障功能：保障评估结果客观、真实 5) 推广功能：评估结果的推广使用

① 黄晶晶. 基于 NGO 的本科教学评估制度构建. 科教导刊，2010，(7)：24.

续表

类别	构成	职责	功能
二线评估主体	1) 民族地区各级各类学校 2) 民族地区学校的教师 3) 民族地区学校的学生 4) 民族地区学生家长代表	1) 根据实际拟定各校"信息化学习环境教育教学"评估计划（时间、地点、评估阶段、进度等） 2) 选举评估项目负责人：细化到各阶段，各个专题内容，各级目标的负责人 3) 制定各校评估机制奖惩制度 4) 及时改进各校"信息化学习环境教育教学"评估过程中的问题	1) 发展功能：促进各校"信息化学习环境教育教学"质量的改善，加快各校发展 2) 维持功能：安排明确的第一责任人，保障计划的有效实施、改进、评价 3) 激励功能 4) 及时改进功能
三线评估主体	1) 国外权威中介教育评估机构 2) 国内权威中介教育评估机构 3) 省民族地区非政府教育评估机构	1) 通过国内外第三方非政府权威中介教育评估机构作为评估主体，建立"民族地区信息化学习环境教育教学"的社会评估机制 2) 政府外的评估再次检测政府评估收集的数据，提高数据的信度 3) 利用第三方独特的资源对"民族地区信息化学习环境教育教学"进行评估，促进教育质量发展 4) 作为政府评估主体外的另一种独立的不受限制的评估主体，自己制订评估计划，自决评估策略	1) 评价主体多元化功能：第三方介入评估，成为评估主体的一员，保证了评价主体多元化，利于评价 2) 客观、真实性功能：评价主体多元化促进了评价结果更贴近真实，更具有客观性 3) 发展性功能 4) 补充性功能
四线评估主体	1) 国内"信息化教育教学"专家学者 2) 国内"民族地区教育教学"专家学者 3) 省民族教育方向专家学者 4) 省民族地区信息教育方向专家学者	1) 发挥专家专业优势，从多角度对"民族地区信息化学习环境教育教学"进行专业性评估 2) 各行各业的专家共同制订评估计划，保障了评估过程的综合性与有效性 3) 专家评估能够为"民族地区信息化学习环境教育教学"的发展进行预测性的分析，深化理论建构	1) 专业性功能 2) 综合性功能 3) 前瞻性功能
五线评估主体	1) 各类评估主体的上级评估机构 2) "民族地区信息化学习环境"评估计划的总负责评估团队	1) 评价结果反馈前的评价。实质是对评价计划实施的客观性和有效性进行论证，及时修正评价机制不科学、不真实、不客观的方面，避免因为评价失误给"民族地区信息化教育教学"带来负面影响* 2) 评价结果反馈后的评价，即追踪评价，检验评价结果对现实工作的促进程度，评价结果是否具有社会发展功能	1) 修正功能 2) 社会发展功能

注：＊参见朱德全．宋乃庆．教育统计与测评技术．重庆：西南师范大学出版社，2001．

二、评估过程

从本质上来说，民族教育信息化的环境建设评估属于教育评估。因此，其实施过程也依循教育评估流程进行。所谓的教育评估流程，是指进行教育评估活动的步骤，即按照进行教育评估活动自身的规律安排的实施教育评估工作的步骤。一般来讲，教育评估的实施大致包括如下三个阶段——准备阶段、实施阶段，总结阶段。① 其中，每个阶段所需进行的主要工作分别如下。

第一，准备阶段。民族教育信息化的环境建设评估工作准备阶段需要完成以下工作：其一，制订民族地区信息化环境评估计划。计划制订过程中应注意以下四个问题：①评估计划类型定位为专题性的教育评估规划，以"民族地区信息化环境构建"为评估主题，评估过程有一定时间跨度。②定位评估目标，即检测建构"民族地区信息化学习环境"是否能够促进民族地区学校教育的发展、教师教学水平的提高、学生学习效率的增长。③明确评估内容，即硬件、软件、潜件。④明了评估原则，即客观性、真实性、全面性、伦理性及尊重民族习惯等。其二，组织民族教育信息化环境评估人员培训。该阶段需要完成的任务主要是遵循多元化评价机制的理念吸纳各个层次的评估人员参与评估，然后组织相关评估人员学习民族教育相关资料，以加深对此次评估对象的了解与认识、进一步明确此次评估工作的总目标与意义。此外，还需明确每个阶段、每个评估指标的人员分工和评估工作的纪律要求。

第二，实施阶段。该阶段需要顺序完成如下工作：其一，开展以问卷调查为主的诊断性评估：①制定好问卷并发放至调查点；②在每个调查点成立一个质量监控小组具体负责整个进程；③组织代表参与调查。其二，开展以访谈、田野观察、实验等为主的形成性评估：①组织评估人员前往调查点开展工作；②进行一对一访谈，作好访谈记录；③进行田野观察，作好观察记录；④选择

---

① 刘淑兰．教育评估和督导．上海：华东师范大学出版社，2000．

地点进行实验，对各个实验点所获数据进行汇总、比较、分析。其三，开展以研究报告、调查报告、计划总结、述职报告等为主要成果的总结性评估：①开展交流会，评估人员收集文字资料；②举行意见与建议交流会，评估人员收集会谈记录形式的文字资料；③深入教学一线，收集教学记录、教学日记、教学报告等形式的信息；④收集实施计划、工作记录及财务支出汇总表等相关资料。

第三，总结阶段。该阶段需要完成如下具体工作：①分析、综合、整理评价过程中收集到的数据结果，量化此次评价过程中的"质性"结果。②申请评估主体的上级机构实行再一次的"元评价"，即对此次评价工作的评价，确保此次评价的真实性、有效性。③总结评估过程的经验与不足，反馈评价信息，完善评价机制，对各种数据及时分类、编号、建档、利用电子计算机存档，以便日后查证参考，为制定教育政策、进行教育科研提供依据和材料。

在开展上述工作的过程中，民族教育特殊性的客观存在使其必然会出现不同于其他地区的问题。因此，我们必须有未雨绸缪的意识，认真做好评估工作中可能遇到的种种问题的预测，以便使评估工作顺利进行。此外，民族教育信息化环境评估必须遵循如下原则：①指导性原则。对民族地区教育信息化环境进行评估，不能就评估而评估。而应该将评估和指导紧密地结合起来，对评估结果进行科学的分析，并从不同角度探讨因果关系，帮助民族地区学校的教育教学明确今后的努力方向，指导民族地区信息化教育教学更好发展。②科学性原则。民族教育信息化环境评估：一要依据教育科学特别是教育管理与评估科学，遵循教育教学的客观规律；二要有实事求是的科学态度，严禁片面性和偏激；三要具有民主的精神，动员和组织有关参评人员和被评估人员的参与；四要懂得科学评估程序，遵循科学的评估程序进行教育教学评估。③综合性原则。在总体设计的评估标准下，民族教育信息化环境评估必须正确处理整体与局部、时间与空间、数量与质量、刚性组织与弹性结构、情感逻辑与效益逻辑之间的关系，进行综合的、整体性的调查研究和分析，作出合理的评估结论。④连续性原则。民族教育信息化环境评估，要避免离开过去的评估基础和现在的评估条件去进行评估，要避免迷恋过去或只顾眼前的评估条件而进行评估，而要注重对其可持续发展进行评估。⑤激励性原则。民族教育信息化环境评估，必须充分考虑评估执行者和评估对象的态度，尽力排除评估可能带来的心理障碍，采纳容易被评估方案执行者接受和评估对象认同的具有激励作用的评估方法。①

民族教育信息化环境评估工作除遵循上述原则外，还应注意如下五个问题。

第一，发挥评价正向功能。"以评促建、以评促改、以评促管、评建结合、重在建设"，是教育部关于教学评估确立的工作方针。该方针充分说明教育评估的目的是通过评估促进学校的建设，促进教育教学的改革和学校的管理。评估与建设一体，但重点不在于评估而在于建设。民族教育信息化环境评估也必须遵循这 20 字方针，评估不是重点和最终目的，而是促进发展和建设的一种手段。所以在评估之前，就必须制订出一个周密的计划，并让评价主体和被评价对象对评价的目的达成共识。在此基础上，使被评价对象认识到自身发展的不足，并经过政府社会和方方面面的共同促进达到更高一层的标准。换言之，民族教育信息化环境评估工作的目的在于找寻建设中存在的问题，帮助民族地区尽快实现教育信息化。因此，只有充分发挥评价的激励、促进和反馈功能，才能更好地达到教育评估的目的。

一般情况下，被评价对象无论是个人还是单位，都有获得较高评价和实现自身价值的愿望，这是人类普遍存在的一种心理趋向。恰如其分的评价结果能给人以心理上的满足感，从而激励人们不断进取。② 因此，无论何种评价，都应发挥其激励作用以提高单位或学习者的效能。该目标的实现，要注意如下五个问题：①评价指标要科学。评价指标在理论上要站得住脚，同时又符合客观实际。②评价过程要客观。要根据细化了各部分操作指标体系的细则，关注重点解决的问题和应该注意的问题，并依据程序一步一步的来。切不可根据行政命令和一些人为的原因而改变程序，不可越俎代庖并要尽力避免主观因素的干扰。③评价主体要公正。评价主体要客观、公正地对评价对象进行评价，在充分肯定优点的同时还要敢于中肯地指出不足，指出问题。要有高度的责任感和职业道德精神。不

---

① 学校管理操作规范. 教育教学评估方法＋原则和标准. http：//wenku. baidu. com/view/4d788412 52d380eb62946d16. html，2012.

② 百度文库. 教育评价功能. http：//wenku. baidu. com/view/610a2871f242336c1eb95e21. html，2014.

属于自己的评价范围一般不应参与评价。④评价语言要具感染性。评价的语言要合理、要讲究艺术性，以激起工作者进一步工作和学习的积极性、为下一轮的评估作好铺垫。⑤评价方法要多样。要灵活运用、有机结合各种评价方法，让评价真正起到激励的作用，从而满足教育需求并推动教育可持续发展。

此外，基于民族教育信息化评估的指导思想和特点，评估意见的反馈和评估后的整改显得尤其重要。就反馈工作而言，首先要注意的问题是反馈意见不仅要肯定成绩，也要充分反映问题。反馈意见中，要对问题进行充分的讨论和深入的分析，分清哪些是学校层面应采取措施解决或协调的问题，哪些是上级行政部门应采取措施解决或协调的问题，哪些是当前就应该和能够解决协调的问题，哪些是需要规划和努力创造条件逐步解决的问题，从而，让学校领导和师生真实感受到反馈意见对学校的发展有帮助。① 此外，评价的反馈主体可以在学校和行政主管部门、专家和学校、社会人士和学校等不同主体之间进行；交流的平台可以是电话、因特网，也可以是电子办公设备等。总而言之，反馈过程作为一个信息交流过程，必须作到高效、及时。于整改工作而言，被评价主体应针对评估反映的问题，采取切实措施，改进工作，健全质量标准，完善配套政策，形成相互促进的、和谐的教学工作局面。

第二，保证评价信息真实并客观。在评价的过程中，评价信息和材料的真实性和客观性对评价的结果发挥着至关重要的作用。只有客观、真实的材料，才能反映出真实的效果和存在的问题；只有通过对客观、真实材料的分析，才能反映出信息化环境对民族地区的教学有无促进，促进的程度有多大，有无负面影响，负面影响的程度又有多大等情况。所以，在评估中要查阅的档案必须是原始材料，被评估的对象不能突击编造，不能临时拼凑，更不能修改档案或数字。评估过程中的资料察看和访谈，应采取随机抽样的办法选定。被随机抽中的资料和对象也应该向评估人员提供真实、客观的信息，尽量作到在自然教学状态下进行评估。此外，评估的信息和资料要及时归档，尽量作到电子化；评估环节能上网的要在网上向社会大众公布。

---

① 尹友强．综合实践活动评价反馈作用浅探．生活教育，2014，(7)：55-57.

第三，利用多种方法收集评价信息。评价信息收集是教育评估的一个重要环节，根据评价指标和评价工具，可以通过调查法、观察法和访谈法来收集评价的信息，以便最终能得出定量和定性的分析报告，保证评估的科学合理性。其中，调查法可用于根据评估指标的要求对学校硬件和软件的数量、质量和使用率，以及学生的学习过程和结果进行调查，信息化环境是否提高了学习兴趣、对学习有无促进作用等。通过调查法收集关于硬件、软件的数量、质量和使用率等基本情况后，可以通过观察法进一步了解和核实调查的结果，具体体会信息化建设给当地教育带来的变化。访谈法则可以用于直接了解受教育者的思想、心理、观念等深层内容，提供机会让他们用自己的语言和概念来表达他们的观点。总之，在民族教育信息化环境评估工作过程中，收集的资料应包括硬件、软件、潜件等，收集的信息应包括客观方面和主观方面相结合的、全方位的、多角度的资料。在选择收集资料的方法上，也应尽量选择多种方法，从多个角度进行收集。

第四，保证评价主体多元化。评价主体的多元化可以避免"一家之词"所造成的评价结果片面化、绝对化的弊端，体现评价的客观、公正，提高评价的实效性。另外，可以通过评价达到总结、反思、改进的目的，这也是提倡民主意识的时代趋势。因此，为了更好地促进和推动民族地区的教育和社会发展，民族教育信息化环境评价过程中应考虑到不同地区、不同阶段、不同标准等因素，评价主体应该尽量多元化。

第五，鼓励开展自我评价。自我评价的过程，是每一位参与者学习、实践、思考和提高的过程。自我评价基础上的反思，有利于参与者摸索本土化实践模式。因此，民族教育信息化环境评估应鼓励参与者进行自评，并在自评主体上尽量作到全员参与，创设一种开放的、透明的评估环境。

总而言之，评估的最终目的不是为了收获结果，而是为了今后能够做得更好。民族教育信息化的环境建设评估目的在于让领导、参与者认真、客观、科学地了解信息化开展过程中的各方面工作，以便改进工作和提高教育质量。评价方法的选择也好、评价主体的制定也罢，都要以有的放矢、因地制宜为根本原则。

第 六 章

民族教育信息化人才培养论略

民族教育信息化的推进和可持续发展离不开人才的培养和使用。"功以才成，业由才广。"因为致力于人的全面、公平发展的民族教育信息化在投入资金进行硬件设施、教育资源建设后，还必须充分发挥人的主观能动性才能最终实现教育信息化的效益。然而，长期以来我国少数民族地区却一直处于人才极缺状态。虽然该问题已经引起各有关部门关注并采取了系列措施，但时至今日，民族地区科学类、工程技术类、师范教育类、人文及社会公共事业类等四大类型的人才依旧存有较大的需求空缺，科技情报类人员更是少之又少。从某种意义上讲，民族教育信息化的人才培养是意义最大、难度最大的工作。2014 年，习近平在中国科学院第十七次院士大会、中国工程院第十二次院士大会上说："我们在科技队伍上也面对着严峻挑战，就是创新型科技人才结构性不足矛盾突出，世界级科技大师缺乏，领军人才、尖子人才不足，工程技术人才培养同生产和创新实践脱节。"[①] 教育信息化作为科技发展的一个方面，也面临着同样的问题。"民族教育信息化"则因地域、经济发展等存在诸多不利因素而使得人才缺乏的问题更加突出。

民族教育信息化的最终目标在于实现民族地区的跨越式发展和可持续发展，因此，其培养的人才必须兼顾如下两个方面的需求：其一，需满足当今信息社会人才特质的需求；其二，需满足当地社会经济文化建设人才特质的需求。民

---

① 习近平．在中国科学院第十七次院士大会、中国工程院第十二次院士大会上的讲话．http：//news. xinhuanet. com/politics/2014-06/09/c_126597413. htm，2014.

族教育信息化人才培养工作若要取得实效，应在了解其人才特质需求的基础上，提出实用的人才培养策略。基于此，本章在对民族教育信息化人才特质需求进行分析的基础上，对人才培养模式及需要的保障条件进行探究。

第一节　民族教育信息化人才特质需求

民族教育信息化人才特质的需求，事实上与"民族教育"内涵界定密切相关。如前所述，本书中所用的"民族教育"所指为针对民族地区的少数民族进行的学校教育。该界定中，"民族地区的少数民族"的前提要求界定民族教育培养的人才必须考虑民族传统文化及民族特点，"学校教育"的主题则要求其实施必须关注现代教育现存特点及未来发展趋势。针对上述两个方面要求，笔者认为，民族教育信息化工作中需要的人才包括师资、骨干人才，也包括通过教育所培养的同时具有信息化特质和民族化特质的专门人才。

一、信息化人才

"民族教育信息化人才"主要是指推动民族教育信息化发展的核心人才，主要包括学校教育师资、专家队伍、技术骨干等人才。这些人才具备较强的信息技术理论水平和实践能力，同时又熟悉民族地区经济、社会、历史、文化、民俗。他们具备了针对民族地区的特点，将信息技术深度融合于民族地区的学校教育，能够较好地推动民族地区各项事业的发展。该专有名词的出现不仅是人类对信息化的认识与实践的特殊要求，也表明了这类人才在发展和实践信息化中所具有的特定价值。

民族地区的教育信息化工作者除了一般信息化人才的特质，还要突出"教育性""民族性"的特点。

根据现有文献，国内最早提出研究信息化人才的是中国人民大学信息管理专家陈禹，他认为："信息化人才培养的紧迫性，是与我国社会与经济的信息化进程和改革开放同步的。近十几年来，信息技术在我国城乡各行各业得到了空前的普及，不论是技术人员的数量还是技术水平都已经有了很大的进步，就技术和环境而言，与技术先进国家的差距已经大大缩短。比如世界硬件软件的最新技术，过几个月就出现在中国的市场上，至于技术信息的传入，更是迅速的几乎达到同步。"[①] 时至今日，信息化人才的使用已不存在异议，但对其内涵界定仍存异议：有持"高度专门化"论者，强调信息化人才的信息学学科性特质，并认为信息化人才特指信息本体学科人才；有持"泛化"论者，认为只要一般性涉及信息领域的知识和技术者即可归属此类人才。笔者认为，对"信息化人才"内涵作出客观的现实界定，既不能脱离现实强调理论而高度专门化，也不能就事论事无限泛化。对"信息化人才"内涵作出界定，需要立足如下两个基本点进行：其一，信息化人才需要具备信息学理论和技术方法的基本素养；其二，当今社会，信息化正在向各领域渗透、与各领域知识和技术整合，并不断发生着知识、技术的创新。基于此，本书的"信息化人才"指"在国民经济和社会发展各个领域中掌握系统的现代信息知识和信息技术，能够对信息化各要素进行研究、开发、管理、普及、应用或应用信息化成果而取得成效的专门人才"[②]。

相应地，"民族教育信息化人才"指的是在少数民族地区的学校教育中，掌握了系统的现代信息知识和信息技术，能够对信息化工作进行研究、开发、管理、普及、应用，并应用信息化成果推动民族地区教育发展的专门人才。现代信息技术发展日新月异，新的技术、理论、方法层出不穷，教育的硬件设施、设备和软件环境都有了长足进步。但是教育效果不能因信息化的推进而自然获得，教育形式、过程、方法、评价等水平与信息化水平也不能自然匹配。

根据上述信息化人才概念界定，本书认为，我国民族教育信息化培养的信

---

① 陈禹. 信息化人才的需求与培养. 经济与信息，1995，(8)：14-15.
② 丁民生. 浅谈信息化人才与高校信息化人才培养，2007，(21)：106-108.

息化人才应具备如下四个主要特征：①知识特征。掌握信息源、信息组织、信息存在与运动方式等知识，了解信息环境，能在信息环境中有效地运用信息的知识，包括了解传统的和新兴的知识组织模式、信息的各种不同类型的传递方式和信息与知识之间的共生关系等。②技术特征。具有寻找、评价、利用和有效交流信息的技术，能够示范说明适当的信息生成与运用的技术和方法，包括了解自己的信息需求、利用适当的信息资源满足信息需求、利用各种技术和系统获取信息及将信息整合到现存的知识和技术体系中的能力等。③泛化技术特征。能明确利用新的和现在的信息源和信息技术倾向，将知识和技术向新的环境和新兴技术转移，并且明确倾向于实践。具体包括实践技能在不同利用环境中的广泛应用、示范说明查找和利用信息资源的能力，以及在所有必要的环境和场合中有效地交流和提供信息等。④社会背景技术。了解信息和信息利用的社会背景、了解信息的局部性和全球性，以及信息在所有社会中的价值，了解与信息创造和传播有联系的政治、社会和经济竞争的作用等。① 此外，信息的获取、分析、处理、发布、应用能力也应成为民族教育信息化培养的信息化人才最基本的能力和文化水平的标志，他们还应具备将信息知识、技术与他类知识、技术相整合的能力。

　　民族地区教育信息化人才需要同时具备信息技术知识、信息技术能力、教育理论、教育实践能力等多方面能力，具有与其在信息化建设中的功能定位密切相关。民族教育信息化建设中，信息化人才必须发挥如下功能：其一，建立人才培训系统以全面提升队伍素质。信息化人才应建立和维护培训系统，组织队伍成员接受来自内部、外部的培训，以解决信息化建设中的专业技术人才瓶颈问题。其二，优化组织流程以提升流程信息化水平。信息化人才应拥有开放的理念和较强的系统分析问题能力，应在推动组织流程变革后，再用信息技术、网络通信技术和自动化技术实施流程信息化，从而提升组织信息化水平。其三，

　　① 熊延松，倪明，胡晓艳. 人才信息化与信息化人才的内涵与界定. 合肥工业大学学报（自然科学版），2009，(10)：1616-1619.

构建良好沟通环境以带动他人的发展。信息化人才应有较为宽泛的视野，并会与其他类型的人才积极沟通以创设良好的交流环境，进而为组织发展及其信息化建设作出更大贡献。基于上述功能目标定位，民族教育信息化培养的信息化人才必须具备如下素质和能力：①应具有广博的基础知识。广博的基础知识是开拓型、综合型信息化人才不可缺少的知识结构，它包括基础学科知识、经济信息知识和社会信息知识。基础学科包括人文科学、自然科学和社会科学。经济信息包括国民生产总值、国民收入、经济发展趋势、市场供求情况和结构、物价水平、消费需求的水平和结构等。社会信息包括国家的方针政策和战略目标、战略决策、法律、法令、财经纪律等。②应具有较高的外语水平。随着因特网在全球范围内开通，世界信息资源共享程度越来越高，大量的信息从世界各地传来，如果没有较高的外语水平，根本无法消化、吸收、采集信息，更谈不上开发和利用信息了。信息人员必须精通1～2门外语，并且还须具有多种对译能力才能胜任信息工作，否则就会在面对众多国外信息时遇到大量的障碍。③熟练掌握最新的信息技术与手段。信息技术的发展日新月异，计算机应用、网络和通信技术、数据库技术、系统分析和设计等信息技能是现代信息专业人才必须了解和掌握的。信息的传输已经是文献文字、动态图像和声音等同时传输，这种综合的信息传输技术要求信息化人才要及时掌握最新的信息技术和手段，积极参与新的信息技术的研究和开发，开展现代化信息服务。④具有较高的信息分析、识别和处理能力。要从各种信息网络上铺天盖地的信息中发掘出有价值的信息，就要求信息化人才具有科学的思维方法和分析研究能力，正确地分析、判断信息的质量及其利用价值，对大量无序的信息进行精心筛选、整序和深加工。⑤应具有扎实的相关专业知识。信息化人才除了处理文献型信息外，更多的是应对事实型信息，如果对该类信息的专业背景知之甚少，或者根本不了解，那么他就不可能发掘出有价值的文献型信息，更谈不上发掘有价值的事实型信息了。信息化人才必须精通1～2门专业知识，并成为该专业的专家，才能掌握该专业的研究水平和预测发展趋势，才能从众多的信息中发掘出对企业有较高利用价值的专业信息。①

　　当然，上述民族地区教育信息化人才培养目标的实现不可能一蹴而就，分层次、分阶段培养才是目标实现的可能途径。根据信息化人才应具备的特征，可以将民族教育信息化人才细分为三个层次：①宏观层次的民族教育信息化人才。该层次的信息化人才是高度复合型人才，以战略性预测人才为代表。具体而言，包括民族教育信息化发展战略制定者、长期发展规划制定者、信息政策和法规的制定者等。②中观层次的民族教育信息化人才。该层次的信息化人才是复合型人才，以信息主管（CIO）为代表。具体而言，包括行业信息主管、政府信息主管、ERP②实施顾问和企业信息主管，也包括系统分析师、系统构架师、项目经理等专业技术人员、管理人员等。③微观层次的民族教育信息化人才。该层次人才以各种专业技术人才和信息技术应用人才为代表，包括硬件设计人才、软件设计人才、系统集成人才和数据采集、数据分析、数据处理及系统运行和维护的人才。总体而言，上述民族教育信息化人才结构是一个金字塔：微观层次人才处于塔基，数量最多；宏观层次人才处于金字塔的塔顶，数量最少；中观层次人才位于中间，数量居中。基于上述民族教育信息化人才层次类型划分理论，立足我国民族地区社会、经济、教育发展实情，民族教育信息化在起步阶段无疑只能以微观层次的民族教育信息化人才培养为根本任务。笔者认为，就该层次的信息人才而言，信息素养是培养工作的重点，其中包括信息意识与信息知识技能两个基本点。

　　首先，信息意识。有学者认为信息意识是指人的信息敏感程度。具体而言，就是指人们对自然界和社会的各种现象、行为、理论观点等从信息的角度理解、感受和评价的能力。通俗地讲，就是面对不懂的东西能积极主动地去寻找答案，并知道到哪里、用什么方法去寻求答案的能力。信息意识包括以下三个方面构成要素。①信息需求：人们在实践活动中为解决各种实际问题而对信息的不满

――――――――――――

　　① 熊延松，倪明，胡晓艳．人才信息化与信息化人才的内涵与界定．合肥工业大学学报（自然科学版），2009，（10）：1616-1619.

　　② ERP指企业资源计划。

足。②信息心理：人们对信息的需求、获取、吸收和利用等在信息活动方面的心理。信息心理是信息意识的重要组成部分。人们对信息的心理需求越强，意识就越明确，自觉性、能动性就越大。③信息认知：人们对信息、信息环境和信息活动的了解，以及对信息知识的掌握和看法，其中最重要的是评价性的看法和认识。本书认为，所谓的信息意识，是一种扩展意识，是信息主体在与信息有关的认知活动中产生的感受，并在感受积累的基础上形成的对信息认知活动的觉知能力[①]。信息意识包括信息行为觉知、信息情感和信息观点三种心理要素，三要素在信息活动中不断被调整和平衡，形成统一、一致并不断变化的信息意识。其中，信息活动是信息主体为了使自身受益而加工信息对象的过程，在此过程中信息主体感受到了加工活动对自身的影响，从而为相关核心意识的积累和推理的产生提供了可能，使信息意识具有此时此地的特性。信息行为觉知是产生信息意识的必要条件，因为仅当信息主体对信息对象的加工活动中产生了对自身的影响，并被信息主体表征，然后感受到时信息意识才能产生。信息情感标志了信息意识的动向，是在信息主体表征对自身有影响的信息加工活动并将之放到自己的观念结构中的同时，伴随同一认知活动而产生的，与信息意识具有同样的目的和基础。信息观点组织了在以往信息活动的某一瞬间核心意识的选择、保持、记忆及客体与自身建立的联系，这些有组织的体验使个体具备了利用过去的思想来解释现在、推测未来的能力。简言之，信息活动为信息意识的产生提供了可能，而信息行为的觉知、信息情感、信息观点共同标志着信息意识的存在和状态。信息认知影响信息意识的水平。一个具备信息意识的人才具有如下特征：①对信息具有特殊、敏锐的感受力。这是信息意识的突出表现，是一种自觉的心理倾向。具备信息意识的人往往能敏锐地捕捉信息，并善于从他人来看是司空见惯的、微不足道的现象中发现有价值的信息。②对信息具有持久的注意力。这是信息意识的另一种突出表现，对信息的态度成为一种习惯性倾向。具有信息意识的人，对信息的关注不受时间和空间的限制，

---

① 解敏，赵永华，姜懿婷 . 信息意识：人格差异的视角 . 北京：科学出版社，2013：28.

无论是工作范围以内还是日常生活中，他都习惯用情报的眼光，从情报的角度去观察周围一切事物、去思考问题，并把这些信息和自己要解决的问题联系在一起。对这些信息的长久注意力是一个人事业成功的必要条件，也是科研、情报工作突发灵感的基础。③对信息价值的判断力和洞察力。一个具有强烈信息意识的人，除了对信息具有敏感的心理倾向外，更重要的是他对信息价值具有准确的判断力和洞察力。面对浩如烟海、杂乱无序的信息，他要能够去粗取精、去伪取真，进行识别并作出正确选择。

其次，信息知识技能。所谓的信息知识技能，是指在信息全球化的条件下，个体具备的判断什么时候需要信息，懂得如何去获取信息、如何去评价和有效利用所需要的信息的一种基本能力。具体而言，包括以下八个方面的能力。①运用信息工具：能熟练使用各种信息工具，特别是网络传播工具。②获取信息：能根据自己的学习目标有效地收集各种学习资料与信息，能熟练地运用阅读、访问、讨论、参观、实验、检索等获取信息的方法。③处理信息：能对收集的信息进行归纳、分类、存储记忆、鉴别、遴选、分析综合、抽象概括和表达等。④生成信息：在信息收集的基础上，能准确地概述、综合、履行和表达所需要的信息，使之简洁明了、通俗流畅并且富有个性特色。⑤创造信息：在多种收集信息的交互作用的基础上，迸发创造性思维的火花，产生新信息的生长点，从而创造新信息，达到收集信息的终极目的。⑥发挥信息的效益：善于运用接受的信息解决问题，让信息发挥最大的社会效益和经济效益。⑦信息协作：使信息和信息工具作为跨越时空的、"零距离"的交往和合作中介，使之成为延伸自己的高效手段，同外界建立多种和谐的合作关系。⑧信息免疫：浩瀚的信息资源往往良莠不齐，需要有正确的人生观、价值观、甄别能力，以及自控、自律和自我调节能力，能自觉抵御和消除垃圾信息及有害信息的干扰和侵蚀，并且完善合乎时代的信息伦理素养。一个具备良好信息知识技能的个体，一般具有如下特征：①个体能够有效和高效地获取信息；②个体能够熟练和批判地评价信息；③个体能够精确、创造性地使用信息；④个体能探求与个人兴趣有关的信息；⑤个体能欣赏作品和其他对信息进行创造性表达的内容；⑥个体能力争在信息查询和知识创新中做得最好；⑦个体能认识信息对民主化社会的重要性；⑧个体能实行与信息和信息技术相关的符合伦理道德的行为；⑨个体能积极参与小组的活动探求和创建信息。

综上所述，民族教育信息化人才培养工作若立足时代需求，信息化人才是其人才特质需求之一。民族教育信息化人才将在民族教育信息化建设中发挥重要作用，其存有特定的素质特征要求，该培养目标的实现，可以立足民族教育实情分层次、分阶段予以推进。

二、民族化人才

信息化作为当今高新科技代表之一，其发展势头迅猛、应用周期短促、综合效益无限增长的特点，使得作为载体的人才在其中显示出举足轻重的作用。一旦信息化涉足源于人、终于人的教育领域之后，人才的作用更为明显。可以说，人才是教育信息化发展的关键因素。因为，教育信息化的实现有赖于科学技术的进步，而科学技术的进步又取决于人才的开发和利用。正因如此，当今信息化社会中，我国作为世界上第一人口大国如何实现由人力资源大国向人才资源强国转变，已经成了一个重要的战略问题、一个迫切而关键的战略选择。民族教育信息化作为教育信息化之构成部分，其发展也符合上述人才至上的规律。正因如此，胡锦涛同志曾指出："要贯彻人才强国战略，把民族地区人才资源开发作为一项重大战略任务抓紧抓好，不断提高干部群众的综合素质，促进人的全面发展。要把少数民族干部队伍建设作为一件管根本、管长远的大事，加大工作力度，注重提高素质、改善结构，努力建设一支德才兼备的高素质少数民族干部队伍。"[1] 此段讲话曾为我国新时期做好少数民族地区人才资源开发工作指明了方向，同时也充分反映了我国高度重视少数民族地区人才资源开发

---

① 胡锦涛. 胡锦涛强调做好新形势下的民族工作 . http：//minzu. cnr. cn/ywhg/20050121/t20050121 505866210. html，2004.

工作和少数民族干部培养工作。少数民族地区人才资源开发之所以需要专门进行强调，与民族教育具有特殊性，其所渴求的人才较之他类教育而言存有相异之处密切相关。民族教育信息化所需的此类特殊人才，本书中将其称为"民族化人才"。

"民族化人才"一词，可以分解为"民族化"和"人才"两个组成部分，二者的关系是：后者是主体，前者是前提。基于此，解读"民族化人才"内涵必须在理解"人才"含义的基础上再作"民族化"特殊性阐释。先探究"人才"之内涵。查阅文献可知，"人才"一词内涵所指共有如下四种代表性观点：第一，人才是指在一定社会条件下，能以其创造性劳动，对社会发展、人类进步作出较大贡献的人；第二，人才是指那些具有良好的内在素质，能够在一定条件下通过不断取得创造性劳动成果，对社会的进步和发展产生较大影响的人；第三，人才是指在对社会有价值的知识、技能和意志方面有超常水平，在一定社会条件下作出较大贡献的人；第四，人才应当是具有一定的知识或技能，能够进行创造性劳动，为物质文明、政治文明和精神文明建设作出积极贡献的人。《中共中央国务院关于进一步加强人才工作的决定》中指出，具有一定知识或技能，能够进行创造性劳动，为"三个文明建设"作出积极贡献的都是我们国家需要的人才。依据国家有关部门确定的人才统计口径，主要分为党政人才、企业经营管理人才、专业技术人才"三支队伍"和技能人才、农村实用人才"两类人才"。综合上述观点与我国较为通用的表述方法，本书将"人才"理解为：具有一定的知识或技能，并将其合理运用转化为物质或精神的成果，从而为社会作出贡献的人。再探究"民族化"之特殊性。按照《现代汉语词典（第5版）》（商务印书馆）的解释，"化"字可作为后缀加在名词或形容词之后构成动词，表示转变成某种性质或状态。细究之，"民族化"的造词方式便是将"化"作为后缀加在名词"民族"之后形成一个动词。据此，其内涵应是使人才具备"民族"之性质。那么，这是一种什么样的性质呢？笔者认为，它是一种具有民族文化背景、能适应民族地区社会经济发展需求、能服务于民族地区发展的人格素质特征。综合上述"人才"及"民族化"之内涵分析所得，本书中所用之

"民族化人才"内涵为：生活在少数民族地区、具有一定的民族文化知识和现代科学技术技能，并将其合理运用而转化为物质或精神成果，从而为本民族或国家作出贡献的少数民族群体或个人。

民族教育信息化培养的民族化人才具有如下两个方面主要特征。

第一，思想上具有强烈的民族文化意识。此种意识主要表现在两个方面：①语言习得与保存。语言是民族的象征，是民族文化的重要构成要素，是民族思维方式的重要体现。民族化人才对其祖先在历史长河中造就的富有浓郁特色的民族语言具有极为深厚的感情。通常情况下，他们对民族语言的习得和保存意义有深刻的认识，并会致力于此项工作。在传袭和发展本民族的宗教、文化、社会规范、伦理道德过程中，在与其他各民族进行经济、文化、生活交往上，民族化人才都将以一种积极向上的心态，正确对待本民族文化与他民族文化之间的关系。②价值信仰接纳。民族教育信息化培养的信息化人才，需要对周围他类民族人才在现代价值观念和新的行为导向形成方面作出引领和表率。该目标的实现，需要以他类民族人才接纳其价值信仰为基础。众所周知，任何一个民族都存有能使其族员凝聚在一起的一套价值信仰体系。民族化人才生长于此种社会文化环境之中，耳濡目染、潜移默化地接受着本民族固有的宗教信仰、伦理道德、行为准则，在他们的心目中，与本民族的文化、习俗、信仰相符的道德感、美感、理性的追求等定势心态早已形成。换言之，他们已从内心接纳了其民族价值信仰并自觉地贯彻到自己的行为模式中。

第二，心理上具有与民族文化社会背景相符的动力定型结构。不同的社会文化背景的影响，会造成人们在思维形式和情感表达方式上的差异。这是人们对不同的社会背景和文化氛围不断适应，并趋于不断强化训练的结果。从心理学来分析，这源于每个人所擅长的思维形式与社会环境的影响和思维训练的强化密切相关。事实证明，不同文化区的人的思维形式差异与民族的传统文化、精神追求、训练方式，以及与之相适应的教学内容的不断更替有着直接的关系。民族化人才生长于本民族的文化环境中，从小就接受着本民族传统文化意识和习俗的影响，在他们的心理构架体系中，早已建立起了与本民族文化背景相符的动力定型结构。在思维方面，他们大多长于形象和动作思维，思维的显著特征是多以表象的形式来反映事物，且易唤起想象、易建立各种相应的动觉形象。这种受民族文化熏陶和社会背景影响而形成的思维特征，影响了民族化人才群体心理特征的发展。

总体上看，民族信息化人才对信息技术等各种新技术充满热情，对民族文化有较高的认知，对教育理论和实践有较好的把握。他们能开展信息技术研究工作，也能做好教育工作，并且具备结合民族地区特点来恰当运用信息技术和采用合适的教育方法。

立足民族之特殊性，民族化人才是推进民族和民族地区发展的关键因素，但由于各种历史和现实原因，我国在民族化人才开发和培养方面确实是相对滞后的。在很大程度上，当今民族教育已被同化为现代教育，现代化人才也成了民族化人才的替代词。基于此现状，建设一支素质高、规模大、结构合理、能真正服务于民族事业发展的民族化人才队伍，开创人尽其才、才尽其用、人人成才、行行成才的新局面，大力提升少数民族和民族地区竞争力和综合实力，确实应成为当今民族地区实施人才强国战略的重要基础和前提，也必须成为我国实施人才强国战略的重要组成部分。客观地说，在教育信息化的大背景下，我国民族地区前期已经开展了系列信息化人才培养工作，部分与教育信息化相关的人员在有关项目的支持下得到了培训，在更新了教育教学理念的同时也学会了一些信息技术及教育技术技能。然而，前期人才培养工作存有的关注"信息化"特征却忽略"民族化"特征的问题也是显而易见的。前车之鉴，民族教育信息化后期推进过程中必须将人才培养置于首位，必须充分考虑民族教育的特殊性，兼顾信息化人才及民族化人才的特殊需求。

第二节　培养方式与途径

人才的培养离不开高等学校教育，民族教育信息化人才的培养也离不开高等学校教育，尤其是师范类、民族类高等学校教育。教育的根本是在师资，只有具备良好的师资力量，才能培养出优秀的民族教育信息化人才。同时，民族教育信息化人才需要扎根民族地区，从实践中来，到实践中去，才能有力地推进民族地区教育信息化各项工作的开展。民族教育信息化人才培养从本质上讲属于人力资源开发范畴。结合民族教育信息化人才培养工作实际情况分析，笔者认为，民族教育信息化人才培养目标的实现，需要家庭、学校、社会等多方力量共同参与。完成此项任务的主体是这些角色组成的一个综合体，而绝非教育者自身、企业、社会团体、政府、学校中的某一个。其中，既需要涉及学校教育的政府、教育机构、机关、事业单位及受教育者、教育者，也需要动员各社会团体、企业共同参与其中。在此前提下，民族教育信息化人才培养的方式与途径必然是多样的。从人才开发的主体来看，包括了从个体开发、群体开发、组织开发、区域开发到社会开发、国际开发等多个层次。从少数民族地区自身经济、社会发展情况来看，民族教育信息化人才的培养方式主要是从个体开发到区域开发的层次，且主要集中于政府主导的组织开发和区域开发，因为该区域以内的学校、企业、政府部门等对当地的需求最清楚，对发展中存在的困难和问题及其根源也最了解，基于此而进行的人力资源开发是最有实效，也是最符合民族地区教育信息化工作发展实际的。下文依据人力资源开发相关理论，对民族教育信息化才培养方式与途径问题略作阐述。

民族教育信息化人才培养目标的实现，绝非上述某种单一角色能够完成的。完成此项任务的主体，只能是这些角色组成的一个综合体。其中，既需要涉及学校教育的政府、教育机构、机关、事业单位，以及受教育者、教育者，也需要动员各社会团体、企业共同参与其中。在此前提下，民族教育信息化人才培养的方式与途径必然是多样的。基于该工作具有特定的目的性与效益中心性、长远的战略性、基础的存在性、开发的系统性、主客体的双重性、开发的动态性等特点，其可能采纳的方式包括如下六种：①个体开发。从民族教育信息化主体既定的个人特点出发，对人力资源进行合理的使用、充分的发挥、科学的促进与最优的发展。②群体开发。从民族教育信息化某个既定的群体特点出发，采取优化组合、优势互补等人力资源配置手段进行结构上的调整，以达到群体人力资源结构优化、整体生产功能与生产力水平提高的目的。③组织开发。针对民族教育信息化过程中的某个组织，在其范围内进行人力资源开发活动，其手段主要是文化建设、组织建设、制度建设与管理活动。④区域开发。为提高民族教育信息化针对的某个区域内的主体数量、质量与生产力而进行。⑤社会开发。为提高全民族人力资源数量与功效而进行。⑥国际开发。指由联合国或世界各国为全球信息化发展有组织、有计划的人力资源开发活动。

与上述开发途径相对应，民族教育信息化人才培养可用途径包括如下几种：①自我开发。自我开发是民族教育信息化人才培养的基本途径。因为人力资源的能动性决定了人力资源开发的内在主体是被开发者。外在主体的开发必须通过内在主体的开发才能发挥作用。实际上，自我开发是建构人力资源开发系统的出发点与目标。自我开发是被开发者向开发目标自我努力的过程，也是被开发者自我学习与自我发展的过程。自我开发的形式在目前的组织中主要是自我学习与自我申报制度。②职业开发。所谓职业开发，指通过职业活动本身提高与培养员工人力资源的开发形式。就目前的组织内部的活动来看，职业开发主要包括工作设计、工作专业化、工作轮换化、工作扩大化、工作丰富化等。民族教育信息化针对学校教育而进行，但其教育者并非仅为学生，也包括教师在内。对于此类人才，采纳职业开发途径无疑是较为妥当的。③组织开发。从我国教育组织形式出发，民族教育信息化人才培养应以组织开发为主要形式。因为组织开发通过组织这个中介对组织中的成员进行开发。具体地说，是通过创设或控制一定的组织因素与组织行为，进行组织内人力资源开发的活动与形式。组织不是开发的目标而只是开发的手段。组织性质、组织体制、组织结构、组织文化、组织领导、组织动机、组织发展阶段等因素，会对人力资源开发产生重大影响。④管理开发。管理无处不在，民族教育信息化的推行也是通过相关管理部门完成的。因此，通过管理活动来开发人力资源也是民族教育信息化人才培养的一个重要途径。因为管理开发可以把资源开发的思想、原则与目的渗透到日常的管理活动之中。管理是任何组织都存在的一种活动，因此，管理开发有其必要性和重要性。通过管理活动进行人力资源管理开发，是一种非常重要而有效的方式与途径。人力资源管理本身，可以成为一个人力资源开发的过程。

总而言之，信息技术作为一门新时代的高端技术，于民族地区的受教育者而言不可能通过劳动经验就可以直接获得，需要因地制宜地采取灵活多样的培训方式方能达到目的。上述几种培养方式各有其优缺点。首先，最为快捷、有效的方法是由政府组织受教育者进行集中、系统的培训，进行群体、组织、区域、社会开发；但由于受训者自身素质、时间安排和学习技术存有不同的特点，该方式具有一定的局限性。且根据以往经验，此方法虽然快捷、有效，但结果往往是学得快忘得也快，很少有人能真正应用到实际生产生活中去，而且培训时间不受个人支配。其次，通过以市场为导向的专业培训机构对受教育者进行集中培训也不失为一种行之有效的方式。由于这些机构能够根据市场特点调整培训计划与内容且培训时间灵活，受训者能够拥有较大的选择空间。相比之下，培训效果更好一些。但是，由于专业培训机构需要收取一定的费用，可能会增加受训者的负担，阻碍他们的学习积极性。最后，以专业培训机构为主对受教育者进行培训可以使其对专业知识有系统、深入的了解，致力于信息素养的提升而不是简单的计算机操作。但可能出现的问题就是会在强调学科专业知识的"信息化"之时，忽略了民族地区复合型人才的"民族化"。在使用过程中，如果能充分发挥各种培养方式和途径的优势并克服其不足，民族教育信息化人才培养工作效益将会实现最大化。

第三节　培养模式与策略

培养适应民族地区教育信息化发展的人才，推动民族地区经济、社会、文化的发展是民族教育信息化的重要使命和目标。而该目标实现的关键又在于是否创建了先进的人才培养模式。因为人才培养模式直接关系到人才培养的质量，关系到所培养的人才能否与社会发展的实际需求相适应。民族教育信息化作为推进民族教育跨越式发展的高效手段，其所培养的人才质量如何更是至关重要的。基于此，民族教育信息化人才培养模式在民族教育信息化研究中必须予以关注。具体来说，就是要解决运用什么样的教育模式、采用怎样的教育策略，如何针对民族地区教育信息化发展的实际需求来培养人才的问题。

人才培养模式内涵所指，学界目前存有两种观点。其一，狭义理解。将"人才培养模式"理解为"培养什么样的人（培养目标）"和"怎么样培养人"两者的综合，即为实现培养目标而采取的方式方法。比如，龚怡祖在《略论大学培养模式》一文中指出："人才培养模式是指，在一定的教育思想和教育理论指导下，为实现培养目标（含培养规格）而采取的培养过程的某种标准构造样式和运行方式。它们在实践中形成了一定的风格或特征，具有明显的系统性与范型性。"[①] 其二，广义理解。将"人才培养模式"看作一个系统工程，具体包括培养目标、培养方案、培养途径、培养方式、管理制度、评价体系等要素。比如，俞信认为，人才培养模式"是指在一定教育思想指导下，培养目标、教育制度、培养方案、教学过程诸要素的组合"[②]。李志义也认为，人才培养模式"涉及人才培养活动的所有方面和整个过程，是对人才培养活动结构和过程及其相互关系的模式化，决定了组成要素、要素之间的相互关系及运行特点"[③]。立足民族教育可持续发展目标，本书认同广义的人才培养模式概念。在此基础上，本书认为民族教育信息化人才培养模式，是指教育机构根据国家和民族地区的需求，依据国家和民族地区人才培养的目标和质量标准，在特定的教育思想和教育理论的指导下，为实现培养目标而形成的培养过程的诸要素构成的结构框架与运行制度，其具体构成要素包括培养目标、培养制度、培养过程、培养评价等。

回溯民族教育史，我国民族地区人才培养一直主要通过民族学院进行。而

① 龚怡祖.略论大学培养模式.高等教育研究，1998，（1）：86-87.
② 俞信.对素质教育和人才培养模式的基本认识.工程教育研究，1997，（4）：9-11.
③ 李志义.谈高水平大学如何构建本科培养模式.中国高等教育，2007，（15）：34-36.

随着全社会信息化程度的推进、高等教育的发展、网络教育的兴起、终身学习理念逐渐深入人心，人才培养模式已经悄然发生着变化，民族地区人才的培养模式也具有了更多的选择。基于此，下文在上述人才培养模式概念界定基础上，对民族教育信息化人才培养所依附的民族院校中的人才培养模式略作阐述。

一、民族教育信息化人才培养模式

民族教育信息化人才兼具民族化和信息化的重要特质，从推进工作和可持续发展方面来看，这类人才的信息化特质比民族化特质应占据重要的位置，具有更加突出的特点。从人才分布的实际情况出发，民族化人才比信息化人才占有更大的比例，但是推进民族教育信息化工作需要的更多是信息化，尤其是教育信息化的人才。正如上文所述，人才的培养主要的方式一是学校培养，而是工作岗位培养。相应地，民族教育信息化人才的培养模式与两种培养方式密切相关。

（一）定制式人才培养模式

民族地区往往因经济、交通、办学条件等欠发达，不具备吸引和挽留高层次人才的条件，因此引进高层次信息化人才到民族地区开展教育信息化工作具有很大的难度，而要推进相应工作又离不开高层次信息化人才的推动，这就构成了一对难以克服的矛盾。基于上述原因，民族地区信息化人才的培养更适宜采用定制式的培养方式，即民族地区与高等民族院校、师范类、综合性高等学校建立联系，采取定向培养、委托培养等方式选送该地区具备培养潜质的备选人才到相应高等院校进行培养，并且在制订培养计划、培养方案、考核方式等教育教学环节时，增加地区实际需求的内容，将民族化、信息化等需求融入培养具体过程中，使得高等院校培养的人才更加符合该地区的现实需求。在对相关人员进行培养的过程中，应使相关人员充分认识到其具有的地区性、民族性特征，始终将自身发展与民族地区发展紧密结合，从而使得所学有所用。然而，定制式人才培养模式也具有成本较高、操作困难的问题，因人才培养周期较长，也难以较快地培养出大批量民族地区需要的民族教育信息化人才。

（二）项目式人才培养模式

民族教育信息化的推进需要具备较高信息化素质和熟悉民族特点的人才持续发力。民族教育信息化人才的成长需要一个由边缘化人员到核心人才的渐进过程。要使培养对象具备较强的信息技术能力、管理能力、教学能力，需要借助大型项目的开展来提升有关人员的实践能力。开展实际项目是最能检验和促进能力提升的方式。为了配合发展需要及人才培养需要，民族地区、高等院校宜有针对性地开展针对民族教育信息化的研究项目，并吸收培养对象参与到研究过程，使他们熟悉和掌握研究方法，了解当前信息技术发展趋势、研究方法、项目管理、知识管理、资源开发与管理等有关内容。因为民族教育信息化人才除了需要开展该地区教育化工作，还需要具备较强的科研能力，能从教育、教学实践中提出问题，并按照规范开展研究过程，切实、有效地推进民族地区的教育信息化工作。

项目式人才培养模式能够以短、平、快的方式针对个别或局部问题提供解决方案，能够较快地补充信息化人才在某个方面的不足，这也是终身学习对每个社会成员提出的基本要求。作为信息时代发展中最具活力的信息技术人才，这方面的要求应该更高，而信息化人才也应该具备更高的素质来适应时代提出的要求。

综上所述，民族教育化人才培养模式选择，应立足其办学理念、培养对象、培养目标、管理体制、教育内容的特殊性等各方面，兼顾其与普通高校的共同性，以培养出能推动民族地区经济、社会发展、适应时代需要的人才。

二、民族教育信息化人才培养策略

"百年树人"，民族教育信息化的发展目标是为了更好地培养民族地区的人才推动民族地区社会、经济、文化等方面的全面发展。高层次人才、核心骨干、师资队伍等不同层次人才的培养需要按照一定的策略来推进。

如前所述，民族教育的人才培养方式、途径及模式选择都应是综合化、具体化，而不能是单一、雷同的；民族教育信息化人才培养的工作目标也不可能一蹴而就，只能根据其层次类型划分予以分阶段实施。之所以如此，与我国各民族地区社会、经济、文化、教育发展类型各异不无关系。因此，我国民族教育信息化人才培养也不可能各地区同时统一模式、方式、途径予以推进。然而，无论选择什么模式，无论推进步骤如何，民族教育信息化人才培养的起点工作都是相同的，都必须将信息意识和信息素养作为起步阶段的工作重点。因为这是教育信息化工作实施的基点。基于此，下文以信息意识和信息素养培养策略为重点，对民族教育信息化人才培养的具体策略问题稍加陈述。

（一）搭建平台

人才最大的特点是愿意专注于事业，一个地区人才的流出往往是因为事业发展受到较大的限制和约束。因此，民族地区要打造良好的人才成才和发展平台。对于能够带动发展并打开新局面的高层次人才，要进行信息技术科研、教学的重点投入、专项投入，"种好梧桐树，引得凤凰来"，为人才发挥自身能力提供必备甚至较好的硬件、软件条件。

（二）完善管理制度

良好的管理是能够产出重大效益的。因管理不善而导致人才培养不畅或者流失是常见的现象。民族地区为了更好地培养人才、留住人才、用好人才，需要加强对人才的服务、日常管理、考核等相关制度的建设和完善。有了制度化的保障，人才培养工作才能够得到持续而有效的推进，否则因领导更替等多种因素影响导致政策的不稳定和不明晰，往往会造成人才开展工作不顺利或者难以培养出高质量人才的问题。

（三）培养骨干人才

骨干和核心人才具有显著的价值，一个地区民族教育信息化的推进需要大量信息化工作者发挥作用，但是也需要骨干及核心人才在其中发挥引领作用。如何选才、识才、用才，将具有较强能力的人才选拔出来并担负起引领发展的责任，需要一个地区进行统筹规划，制订骨干人才培养和支持计划。通过骨干人才并建立创新型团队开展重点项目的研究及攻克发展中的瓶颈和难题，往往可以起到立竿见影的功效，可以极大地鼓舞更广大信息技术工作者的工作热情和积极性，从而全面推动信息化各项工作。

（四）加强信息素养及信息技术能力的培养

民族教育的人才培养方式、途径及模式选择都应是综合化、具体化，而不能是单一、雷同的；民族教育信息化人才培养的工作目标也不可能一蹴而就，只能根据其层次类型划分予以分阶段实施。之所以如此，与我国各民族地区社会、经济、文化、教育发展类型各异不无相关。因此，我国民族教育信息化人才培养，也不可能各地区同时以统一模式、方式、途径予以推进。然而，无论选择什么模式、无论推进步骤如何，民族教育信息化人才培养的起点工作都是相同的，都必须将信息意识和信息素养作为起步阶段的工作重点。因为，这是教育信息化工作实施的基点。具体来说，信息意识、信息知识技能的培养等非常重要。信息社会中的劳动技能不再主要指体力劳动，更主要是一种以知识和智力为基础获取信息的功能。民族地区的受教育个体，除了要具备合理的知识结构外，还应具备优秀的信息素质。唯此，才能适应时代发展的需要、适应全面建设和谐社会的需要、适应民族地区社会发展的人才需求。此外，在学习信息知识和技能的过程中，学习者必须学会分析所面临的问题、基于所掌握的信息知识将问题转化为信息需求、收集信息、整理方案、最终解决问题，这本身就是创造性解决问题的过程，学习者的创造性思维因此而得到锻炼。可见，信息知识和技能的培养是提高受教育者综合能力的基本功。基于此，信息知识和技能的培养是民族教育信息化人才培养中人才素质的基本培养目标。

　　首先，信息意识。信息社会中的劳动技能不再主要指体力劳动，更主要的是一种以知识和智力为基础获取信息的功能。民族地区的受教育个体，除了要具备合理的知识结构外，还应具备优秀的信息素养。唯此，才能适应时代发展的需要、适应全面建设和谐社会的需要、适应民族地区社会发展的人才需求。结合民族地区的实际情况，其信息意识的培养可以采取如下具体策略：第一，进行信息意识启蒙教育。该工作主要针对学校教育而言，学校应对学生积极开展信息意识的启蒙教育，主要从入学时的新生"图书馆利用"教育开始，在对学生进行图书馆导向教育、馆藏、布局、图书馆分类法、目录体系、读者须知、如何利用图书馆等各种宣传活动的同时，还要利用各种形式，大力宣传信息对民族发展、经济腾飞的重大作用和意义，结合时代特点利用在信息社会中正反两方面的具体实例，激发大学生的信息意识，使他们认识到，在当今信息社会里，信息与能源、物质并列成为社会发展的三大支柱，只有物质没有能源，世界是呆滞的，只有物质和能源没有信息，物质的运动是杂乱无章的，在当今哪个国家掌握了信息资源，并充分利用，这个国家将极大地提高综合国力，走向世界前列。大学生是我们国家的希望，应该具有强烈的民族使命感和责任感，只有树立了远大的理想，才能引发学生的信息意识。第二，在日常教育中进行信息意识培养。信息意识的教育与培养可以渗透到各种课堂教学及生活教育中，实施中着力通过真实问题解决以激发学习者的信息需求，进而培养其获取信息和综合应用信息的能力。在学校教育中，应避免把计算机看成单独学科和科目，应同整个信息素质教育活动结合起来提高学生获取信息能力等。在各门学科的教育中，教师都应当指导学生如何利用网络去收集与本学科相关的知识，利用那些不同学科的数据库，把计算机的学习同实际的科学研究结合起来，同信息素质教育结合起来。总而言之，向受教育者不断渗透信息意识，敦促其将有用的信息运用到实践中，使其信息素质不断提高是信息社会中每一个教育者应该进行的任务。第三，通过宣传活动培养信息意识。民族地区应充分发挥宣传部门的作用，进行各种宣传活动对受教育者开展信息意识培养活动。比如，可以充分利用图书馆收藏的大量文献资料、电子阅览室、听阅览室的功能优势，定期播放新科学技术成果的电影和录像，培养当地民众对高新科学技术的广泛兴趣，提高他们对新的情报资料注意力、观察力和捕捉信息的能力。再如，可以聘请专家举办信息知识讲座。宣传部门可以根据当地的社会、文化发展和民众需求，有计划地举办多类型的信息知识讲座。当然，其中有关文献学、信息学研究方法或科技论文写作的讲座是必要的常识讲座。

其次，信息知识技能。新时期的教育理念将受教育者综合能力的培养放在一个重要的位置，在信息化的社会中，良好的信息素养可以降低受教育者获取知识信息的盲目性，提高自学能力，帮助他们建立各种知识间的联系和作用、提高理解能力，帮助他们在理解的基础上进行记忆、增强记忆能力；良好的信息知识技能可以使受教育者在实践操作中容易把握研究的方向，提高实践操作能力。在我国，针对国内教育的实际情况，学生的信息知识技能培养主要针对以下五个方面的内容进行：①热爱生活，有获取新信息的意愿，能够主动地从生活实践中不断地查找、探究新信息；②具有基本的科学和文化常识，能够较为自如地对获得的信息进行辨别和分析，正确地加以评估；③可灵活地支配信息，较好地掌握选择信息、拒绝信息的技能；④能够有效地利用信息表达个人的思想和观念，并乐意与他人分享不同的见解或信息；⑤无论面对何种情境，能够充满自信地运用各类信息解决问题，有较强的创新意识和进取精神。基于此，本书认为，我国民族教育信息化建设中人才的信息素养培养应着力于学校教育部分，可以通过信息技术教育课程进行，也可以通过信息技术课程与其他课程的整合进行。培养过程中，教育者应做到以下三个方面：①努力将信息知识技能的培养有机融入、联系到教材、认知工具、网络，以及各种学习与教学资源的开发之中。通过信息的多样化呈现形式以形成学生对信息的需求，培养学生查找、评估、有效利用、传达和创造具有各种表征形式信息的能力，并由此扩展学生对信息本质的认识。②以培养学生的创新精神和实践能力为核心。因此，在信息技术课程中，必须是在基于自主学习和协作学习的环境中，学生自主探究、主动学习，教师成为课程的设计者和学生学习的指导者，让学生真正成为学习的主体。教师可以利用网络和多媒体技术，构建信息丰富的、反思性的、有利于学生自主学习、协作学习和研究性学习的学习环境与工具，开发学生自主学习的策略，允许学生进行自由探索，极大地促进他们的批判性、创造性思维的养成和发展。③坚持以学生的发展为本。不要过分注重学科知识的学习，而应关心如何引导学生应用信息技术工具来解决问题，特别是通过把信息技术的学习与学科教学相结合，让学生把技术作为获取知识和加工信息、为解决问题而服务的工具。同时，教师还要关心学生的情感发展，不能因为信息技术的介入而忽略了与学生的直接对话和沟通。

信息意识和信息知识技能合起来形成了信息素养。在培养学生信息素养的同时，还要注意发展学生与信息素养密切相关的"媒体素养""计算机素养""视觉素养""艺术素养""数字素养"，以期全面提高学生适应信息时代需要的综合素质。

总而言之，在提高青少年的信息素养已经成为渗透素质教育的核心要素的今天，民族教育信息化建设过程中也对教育者提出了新的要求。民族地区在开设信息技术课程的同时，必须积极、努力地探索信息技术与其他课程整合的思路与方法，在课堂上应用现代信息技术，把信息技术教育课程真正融入其他课程中去，通过各种教育渠道有机统一起来培养受教育者的信息素养。

第四节　人才培养工作实施保障

民族教育信息化人才培养工作必须在一定保障条件下才能完成。信息技术的发展日新月异，我们正越来越逼近实现小康社会的第一个一百年目标，《国家中长期教育改革和发展规划纲要（2010—2020年）》已进入攻坚阶段，中国正迈着坚定的步伐迈向美好的未来。众所周知，解决贫困问题，使全体人民远离贫困的扶贫攻坚成为全面实现小康社会道路上最大的难题，而民族地区不可避免地成为发展的"短板"。"扶贫先扶智"，发展教育、全面提高人口素质是使人民彻底摆脱贫困的重要而根本的一环，是从根本上解决贫困问题的核心内容。而作为教育发展生力军的教育信息化，无疑将扮演领头羊的重要角色，还将在教育之外的文化、经济、社会、生态等全面发展中扮演重要角色。因此，加快培养民族教育信息化人才具有着无可比拟的重大意义，也具有时不我待的紧迫性。要作好民族教育信息化人才培养工作，可以从以下几个方面着力。

一、完善人才培养的制度保障

民族教育信息化人才的培养与教育发展一样，不是短期的任务，而是一个长期的任务，在全面实现小康社会以后，还会面临更多的困难和挑战，新的问题会不断产生，原来已经解决的问题也可能会在新的历史条件下发展出新的问题来。要确保信息化工作深入社会生活的方方面面，就需要建立长期的制度保障。从政策支持、经费来源、培养模式创新、培养方案更新等诸多方面都需要形成一套较完善的制度和体系，唯如此方能保证民族地区信息化、教育信息化工作得以持续推进。也只有强有力的制度保障，才能使民族教育信息化相关的工作人员安心、稳定地做好各项工作。

信息化需要大量硬件和软件投入，硬件是基础，软件是核心。在原有的"农村中小学远程教育工程""村村通"工程等建立了一定数量基础设施的基础上，还应该从政策层面上以制度化的形式确保对软件更新及人才培养等工作的资金支持。信息化能够缩小民族地区与发达地区之间在信息等方面的差距，但是如果维护等后续工作跟不上，信息化的效果也会大打折扣。

从学校层面上来说，要作好识才、用才、爱才、惜才的工作。无论是以哪种方式培养起来的民族教育信息化人才，学校及其他工作场所及岗位都要重视人才的使用，尊重人才，发挥人才的引领作用，使得培养的人才真正有用武之地，顺利推进民族教育信息化工作。

二、加强宣传提高认识

教育信息化的重要作用和价值在全社会已得到多数人的认可，信息化已经在深刻地影响着人们的日常生产、生活。但是在民族偏远地区，从学校到教育者、受教育者、学生家庭、社区、村落，还没有形成一种重视信息化的社会氛围和共识。这就要求政府、学校、教育信息化工作者从多个层面通过多种渠道以多种形式来加强宣传，在民族地区形成重视信息技术、推广信息技术、应用信息技术、热爱信息技术的良好社会氛围，而这本身也是民族教育信息化应该开展的一项重要工作。从宣传形式上说，要将电视、广播、报纸等传统媒体与网络新媒体结合起来，同时针对民族地区的实际情况，黑板报、户外标语、公益广告等形式也可以广泛采用。持续不断的深入宣传，可以慢慢改变人们的意识，并且通过农业科技推广、网络课堂等形式使民族地区居民看到实效，大家对于人才的培养也会形成共识跟合力，共同推进民族教育信息化人才的培养工作。

三、不断创新人才培养机制

民族教育信息化过程中的问题是一个认识逐渐深入、问题逐渐解决的过程，信息化人才的培养也有一个与时俱进、机制需要不断创新的过程。问题都是在具体工作过程中体现出来的，对人才最好的培养方式就是立足于工作岗位，从实践中提出需求，然后改进和创新人才培养机制，推动人才的发展。在信息化人才的培养中，注意区分人才在职前、入职、职后培养各阶段的重心，采取有针对性的培养方案和工作机制，使人才找准定位，尽快进入角色，充分发挥人才的作用。

从学校具体教学上来看，在学校各学科教学中，应充分考虑信息技术因素，将信息技术与各学科教学充分整合，甚至达到融合，全面提高学生的信息素养和综合素养，使信息技术成为学生学习的重要工具和推手。根据学校信息化条件的不同，采取不同的信息化模式和信息技术使用模式，使已有的设备充分发挥作用，而不至于使有限的设备成为摆设，因长期闲置而损耗。

四、创新人才培养考核机制

如何评价、考核人才是人才培养中一个不可回避的问题。民族地区因其经济不发达、地理位置偏僻等因素，使得各项工作的推进与发达地区存在自然的差距，在对人才的使用及考核上也要注意把握这种差异，既不能过多地拔高考核的标准和要求，也不能走向另外一个极端，过分降低考核的标准和要求，只有一切从实际出发，制定符合各地区实际、符合人才工作实际的考核评价标准才能有利于各项工作的开展。要求和标准过高则难以达到，这就会对民族教育信息化人才造成打击，影响他们对工作的积极性和热情，相反地，如果要求和标准过低，则考核、评价的激励作用难以发挥，不能充分调动人才的积极性和挖掘人才的潜力，造成人力资源浪费的同时，影响民族教育信息化事业的全面推进。

在考核的具体内容上，可以将长期工作成效与短期工作结合起来进行综合评价，既要体现短期工作效果，也要体现长期工作积累的重要作用。考核、评价的结果要与人才的绩效、待遇相对等，只有责、权、利有机结合，才能更好地发挥人才的作用。在学校教育中，各学科教师都积极使用信息技术，使教师、学生都形成爱用信息技术、善用信息技术的良好局面，既体现了信息化的技术先进性，同时也充分体现民族性。这样，社会倡导、政府支持、学校重视、教师主动、学生积极的生动活泼的民族教育信息化局面就会展开，也就容易培养民族教育信息化建设所需要的新型人才。

综上所述，教育信息化的推进将会促进民族地区教育模式、经济、社会、民族文化等多方面综合发展，并进而引发教育的变革，促进社会的公平和进步。民族教育信息化建设和发展所需的新型人才只有在各方面的共同努力下才能更好地成长和培养起来。

第七章

民族教育信息化之云南案例实证研究

云南地处祖国西南边疆，独有民族 15 个，少数民族人口 1460 多万，占全省总人口的 1/3，是一个独具特色的民族大省。纵观历史，云南境内各民族虽然生活方式、宗教信仰、民俗习惯等各异，却呈现出和谐相处的多元一体格局。近年来，随着公共教育资源向边疆民族地区倾斜，云南省在政府及社会各界的帮助下实施了系列教育信息化专项工程，扩大了优质教育资源覆盖面，保障了各族人民享有平等接受教育的机会，极大地促进了各级、各类教育的协调发展。从此角度讲，云南省是民族教育信息化建设的一个典型案例。基于此，本书以云南省为个案，对其教育信息化建设进行了调查研究。本章将相关结果予以陈述，以期对民族教育信息化问题研究有所借鉴。

第一节 发展历程

云南省作为地处祖国西南边疆的少数民族大省，由于经济发展水平较为落后，其教育信息化前期建设中的大部分经费主要依靠国家投入。2000 年以来，云南省教育信息化建设历经了如下几个主要项目："李嘉诚远教项目（现代远程教育扶贫示范项目）"、"贫困地区义务教育工程信息技术项目"、"农村中小学现代远程教育工程"、云南省"班班通"试点工程和"云南省农村义务教育薄弱学校改造计划——远程多媒体教学设备项目"。下文以时间为序，分别对这些项目在云南省的推进情况略作回顾。

　　第一，"现代远程教育扶贫工程项目"。为了贯彻党和国家西部大开发的战略、落实国务院批转的教育部《面向 21 世纪教育振兴行动计划》，2000 年教育部教育信息化领导小组作出了实施"现代远程教育扶贫工程项目"的决定。鉴于西部地区资金比较困难，"现代远程教育扶贫工程项目"在西部地区由国家财政投入专项资金实施。"十五"期间，云南省中小学共争取到"现代远程教育扶贫工程项目"450 个点，分别分布于 7 个县的各民族地区。其中，洱源县 60 个、永平县 50 个、昭通 130 个、腾冲县 110 个、双柏县 30 个、屏边县 10 个、富宁县 60 个。云南省实施该项目的学校基本配备为计算机、卫星接收机和数据卡。"现代远程教育扶贫工程项目"完成后，这 7 个贫困县可以直接接收中国教育卫星宽带多媒体传输平台的教育资源，使教师和学生能够不再受地域的限制就可以学习到更多的知识与技术。

　　第二，"贫困地区义务教育工程信息技术项目"。2001 年，云南省完成了"贫困地区义务教育工程信息技术项目"建设，参与该项目的学校全部按照"农远工程"模式二配备了相应的基础设施设备，即 2 台计算机、1 套卫星接收系统和 1 套教学光盘播放系统。经调查统计，云南省完成项目建设的学校情况，如表 7-1 所示。

　　"贫困地区义务教育工程信息技术项目"实施后，云南省教育信息化环境建设与应用水平得到了进一步提升。尤其值得一提的是，卫星接收系统的推广和普及运用，使得在大山、峡谷等地理环境恶劣的农村中小学，享受到了国家的优质教学资源，从而大大提高了教育教学效果。

　　第三，"农村中小学现代远程教育工程项目"。为了促进城乡优质资源共享，提高农村教育质量和效益，国务院决定进一步加强农村教育信息化工作。2003 年，我国实施了"农村中小学现代远程教育工程项目"试点工作。工程试点结束后，在全国范围内全面实施了"农村中小学现代远程教育工程项目"。实施过程中，分别按三种模式对农村中小学配备了教育信息化设备。其中，农村小学教学点按照模式一配备教学光盘播放设备和成套教学光盘，农村小学大多按照模式二配备卫星教学收视点，农村初中则按照模式三要求基本具备了计算机教室。截至 2008 年，云南省完成"农村中小学现代远程教育工程项目"的实施情况如表 7-2 所示。

表 7-1　2001 年云南省"贫困地区义务教育工程信息技术项目"设备配备情况统计表

市、州	县名	套数/套	市、州	县名	套数/套
昭通市	鲁甸县	40	西双版纳傣族自治州	勐海县	30
	巧家县	58		勐腊县	24
	盐津县	42		小计	54
	大关县	40	大理白族自治州	永平县	21
	永善县	52		云龙县	29
	镇雄县	124		小计	50
	彝良县	62	丽江地区	宁蒗县	37
	小计	418	怒江州	泸水县	28
红河哈尼族彝族自治州	屏边县	28		福贡县	22
	元阳县	53		贡山县	16
	红河县	41		兰坪县	24
	金平县	41		小计	90
	绿春县	29	迪庆藏族自治州	香格里拉县	23
	小计	192		德钦县	20
文山壮族苗族自治州	砚山县	56		维西县	24
	麻栗坡县	44		小计	67
	丘北县	60	临沧地区	云县	42
	广南县	91		永德县	53
	富宁县	57		镇康县	32
	小计	308		双江县	29
思茅地区	墨江县	56		耿马县	37
	江城县	26		沧源县	31
	孟连县	27		小计	224
	澜沧县	54	云南省合计：		1633
	西盟县	30			
	小计	193			

表 7-2　2008 年云南省"农村中小学现代远程教育工程项目"实施情况统计表

地、州、市	教学光盘播放系统（模式一）		卫星教学收视点（模式二）/个	计算机教室（模式三）/个
	小学学校数/个	设备套数/套		
昆明市	195	390	36	安宁市 5 个
昭通市	390	780	60	
曲靖市	429	858	66	
楚雄州	234	468	36	楚雄市 19 个
玉溪市	195	390	30	
红河州	350	700	54	
文山壮族苗族自治州	292	584	45	
思茅区	332	664	45	
西双版纳傣族自治州	117	234	18	
大理白族自治州	293	586	45	大理市 6 个
保山市	234	468	36	
德宏州	195	390	30	
丽江市	156	312	24	
怒江州	98	196	15	

续表

地、州、市	教学光盘播放系统（模式一）		卫星教学收视点（模式二）/个	计算机教室（模式三）/个
	小学学校数/个	设备套数/套		
迪庆藏族自治州	98	196	15	
临沧市	292	584	45	
合计	3 900	7 800	600	30

第四，其他项目。除上述项目外，云南省教育信息化建设还得到了其他项目的支持。比如，"明天女教师"资助项目。在该项目和省级配套资金的支持下，云南省全省16个州（市）129个县（市、区）的农村中小学得以建成教学光盘播放点（模式一）19 868个，卫星教学收视点（模式二）11 940个，计算机教室（模式三）1902个。此外，云南省2009年实施了"班班通"试点工程，在安宁市、南华县、祥云县、古城区、香格里拉县、维西县和泸水县的715所村完小以上的学校完成"班班通"试点工程，使这些农村小学能够开展多媒体教学、实现优质资源进入课堂教学革新。2011年，实施了"云南省农村义务教育薄弱学校改造计划——远程多媒体教学设备项目"。在16个州（市）127个县的491所学校，建设了4535套多媒体教学设备。在教育均衡上作出了具体的行动。

总体观之，近年来，在中央、省和各地政府的支持下，云南教育信息化建设取得了重要进展：信息技术不断得到应用，电子政务扎实推进，信息基础设施建设成就巨大，信息资源不断增加；"西部高校计划"、"农村现代远程教育工程"、职业教育实训基地等项目的实施，有力地改进了云南省教育信息化的基础设施条件；初步形成了一批高等教育精品课程资源库、职业教育资源库、政务信息资源库和教育管理基础数据库等；各类应用初见成效，基本建成教育系统办公网，初步实现了教育行政部门和高校的政务信息交换，网上招生录取、网上就业服务、网上科研项目申报等重大应用成效显著；并在网络安全、标准化建设、信息技术教育和人才培养方面取得了突破。以上各方面的信息化发展为教育教学的改革和发展奠定了基础。在未来的教育信息化建设中，云南省教育信息化将立足实际需求，从以下七个方面总体发展：①形成覆盖云南省的"标准统一、互联互通、资源丰富、高效运行、广泛应用"的省、市、县、校四级教育网络体系；②提升基础教育、高等教育、职业教育和成人教育等各级各类教育的信息化水平，实现优质教育资源共享；③发展远程教育，构建终身教育体系；④在全社会普及信息技术教育，建立和完善信息技术基础课程和培训体系，提升全社会公民的信息素养，特别是提高农村中小学教师的信息技术素养和教育技术应用能力；⑤运用先进的信息技术，推进教育政务信息化发展进程；⑥培养信息化高技术人才；⑦制定和完善教育信息化相关规章、制度和标准、规范，为教育信息化的发展创造良好氛围和环境。根据上述发展方向，云南省教育信息化建设近几年的主要任务包括 10 个方面的工程，即教育信息化基础设施建设工程、教育教学信息资源建设工程、教育信息化标准建设工程、教育电子政务建设工程、现代远程教育和终身教育建设工程、教育信息技术和信息素养提高工程、教育信息化队伍建设工程、网络和信息安全工程、数据中心建设工程、教育信息化评估体系建设工程。① 总而言之，随着教育信息化成为我国国民经济和社会信息化的重要组成部分，以教育信息化为龙头，带动教育现代化，促进云南省教育的跨越式发展，已成为云南省发展现代教育的重要途径。

第二节　实例调查

为真实、全面调查云南省教育信息化建设情况，为民族教育信息化研究提供参考，本书以三个地点、若干所学校为考察点对相关问题进行了详尽调查，下文将调查所得予以阐述。

一、城郊学校

为对云南城郊学校的信息化建设情况进行调查，本书选择了昆明市官渡区 5 所农村小学，即长水中心学校、沙沟中心学校、白汉场中心学校、大板桥中心学校、西冲小学进行调查。这些学校离昆明市 40～60 千米，属官渡区大板桥镇，虽然隶属昆明市官渡区，但交通并不方便，从昆明市到这些学校至少需要

---

① 杨志军．云南省教育信息化发展设想．中国教育信息化，2010，(10)：8-11.

2～3个小时的车程。它们的地理分布如图 7-1 所示。

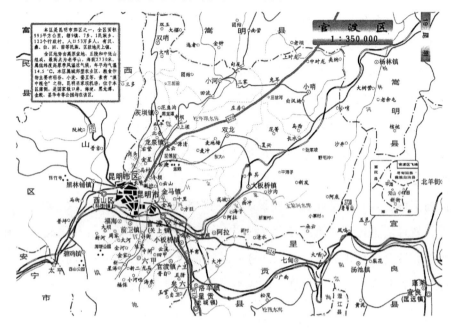

图 7-1 大板桥城郊调查学校分布图①

调查过程中，调查人员共发放问卷150份，收回有效问卷134份。接受调查的教师中男教师有48人，占37％，女教师有86人，占63％。基于这些学校所处的地理位置，它们的信息化环境多以农远工程的"模式一"为主（即电视＋DVD＋教学资源光盘），只有部分中心学校拥有"模式一＋模式二"（即卫星收录系统）。根据调查所得，这些学校教育信息化仍存有系列亟待解决的问题，具体情况如表 7-3 所示。

表 7-3 城郊学校"农远工程"存在困难情况统计表　　　单位:％

调查项目	统计比例
电视机屏幕尺寸过小，座位靠后的学生不容易看清	97.31
设备使用容易出现操作失误，影响教学的正常进行	52.33
光盘资源中的内容与当地学生的理解能力有一定差距	35.52
播放设备有限，不能满足全校教学要求	97.31
光盘与教材不完全匹配	94.63
教师教学任务比较重，没有充分的精力和时间学习新技术	92.53

---

① 图 7-1 参见：http://www.guang.net/m/kunming.htm.

通过对这些学校的调查数据进行分析，结果表明：学校信息化建设过程中，存在的主要困难是教学资源播放设备不足，不能满足全校教学要求；项目统一配备的 34 寸电视屏幕较小，后排学生无法看清，进而影响了教学效果；在资源方面，存在的主要问题是光盘与教材不完全配套。简言之，从调查案例所得来看，云南省城郊小学信息化建设中突出的问题包括设备条件不尽如人意、数字化教学资源不能满足教学需要、教师"工学矛盾"难以开展教师专业发展等几个方面。

二、民族学校

对民族地区的民族学校教育信息化建设情况进行深入了解，本书以沧源佤族自治县和澜沧拉祜族自治县为调查点，对其中的几所民族学校进行了详尽调查。

在沧源佤族自治县，笔者选取了 5 所中学（勐董中学、团结中学、糯良中学、芒卡中学和勐省中学）、2 所小学（糯良中心完全小学、团结小学）为实地调查点对教育信息化建设情况进行了调查。这些学校分布情况如图 7-2 所示。

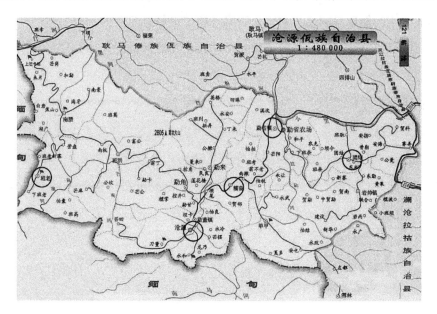

图 7-2　沧源县调查学校分布图①

———————————

① 图 7-2 参见：http://www.guang.net/m/cangyuan.htm.

调查过程中，共发放问卷 109 份。其中，男教师 40 名，女教师 69 名；中学教师 59 名，小学教师 50 名。这些教师中少数民族教师占 41.3％ 汉族教师占 58.7％。调查表明：①教师在日常教学活动中，经常使用信息化教学设备的仅仅占 21.3％，每周使用 2～5 节的占 56.6％，认为能满足教学需要的占 11％，学生喜欢信息化学习环境进行教学的占 97.7％，信息化教学设备经常出问题的占 13.9％。②信息技术进入学校形成信息化学习环境后，希望通过培训提升 ICT[①] 技能的占到 51.4％。有一半的教师接受过 ICT 培训，对培训的期望放在多媒体技术（77.1％）与课程整合（71.6％）上。使用 ICT 上网查资料最多（96.3％），搜索工具为百度的占 95.4％，经常用 ICT 提升自我的有 67.9％，愿意分享资源的占 93.5％，正确使用引用文献的只有 67.3％，个人兴趣和教学需要是驱动运用 ICT 的主要动力（占 88.8％），农村中小学现代远程教育工程的影响占到 91.6％，教学资源的影响则有 86.2％，教师普遍希望提升 ICT 技能（占 74.3％）。③该地区，农村中学已经全部配备了模式三的学习环境，其中县中学还配备有自己的多媒体教室，小学为模式二（中心小学）和模式三学习环境，教师最关注的是自身信息技术技能的提升和学科整合的应用。

在澜沧拉祜族自治县，笔者选择了澜沧县西北部的上允中心学校进行调查。其中包括完全小学 13 所、初级小学 5 所，教师 120 名（其中完全小学教师 86 名，初级小学教师 34 名）。这些学校分布如图 7-3 所示。

澜沧拉祜族自治县得益于 UNDP403 项目，建立了镇中心小学教师资源中心。该资源中心可以内接校园网，外通互联网，有稳定的学习平台和丰富的学习资源。此外，该中心还配备有文本资源、光盘资源和校本资源，供该地师生学习。据统计，共有课堂实录 106 节，刻录光盘 210 碟，制作课件 240 个，下载远程教充课程资源 82GB。

---

① ICT 由信息（information）、通信（communication）和技术（technology）三个英文单词的词头组合而成。

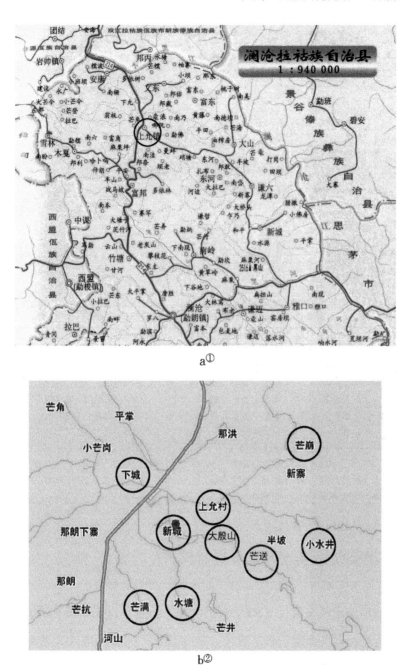

图 7-3　澜沧县上允镇调查学校分布图

①　图 7-3a 参见：http：//www. guang. net/m/lancang. htm.
②　图 7-3b 参见：http：//www. jnxcx. com/lymap/sy165. html.

通过对上述学校考察所得数据进行统计，其教育信息化建设情况如表 7-4 和表 7-5 所示。

表 7-4   澜沧县上允镇教师教育资源中心设备情况统计表

设备名称	数量	备注
计算机	14 台	11 台台式机，3 台笔记本
复印机	2 台	
打印机	3 台	针式、喷墨各 1 个，2 台激光
摄像机	2 台	
数码相机	2 台	
播放室	1 间	镇成人文化技术学校和学校共同建设，由学校负责日常管理和使用
多媒体教室	1 间	多媒体辅助教学和校本培训等综合使用
移动硬盘	8 个	2 个 40G，4 个 80G。
U 盘	8 个	128M、512M 各 6 个
地面卫星接收站	2 套	
电视机	6 台	其中 1 台 53 寸背投
录像机	1 台	
DVD 机	3 台	

表 7-5   澜沧县上允镇教师教育资源中心软件资源建设情况统计表

类别	适用范围	存储形式（介质）	数量（容量）
课件	1~6 年级教学	硬盘存储	5.5GB
教学设计	1~6 年级教学	硬盘存储	6.85MB
示范课	所有教师	硬盘、光盘、录像带存储	6.38GB 硬盘，325 碟光盘，183 盒录像
专题讲座	所有教师	硬盘、光盘存储	8.35GB 硬盘，11 碟光盘
教师对比课	教师教学反思	硬盘、光盘、录像带存储	11.25GB 硬盘，31 碟光盘，2 盒录像
精选练习	1~6 年级	硬盘存储	320KB
试题	1~6 年级	硬盘存储	3.14MB
课件素材	1~6 年级	硬盘存储	328MB
其他	1~6 年级	硬盘、光盘存储	708MB 硬盘，14 碟光盘
自主开发资源	1~6 年级	硬盘存储	4.61GB

三、中英西南基础教育项目学校

中英西南基础教育项目（SBEP）的实施，旨在帮助项目县全面普及九年义务教育，为项目县儿童提供较高质量的义务教育，推进县域基础教育的改革与发展。云南省在该项目上总投入为 547 万英镑加 10％的国内配套资金，受益者主要是鲁甸、彝良、镇雄、澜沧、德钦、福贡六个县。该项目实施内容包括以下几点：资助最弱势儿童与改善寄宿制学校管理、开展教师培训与推进教师专业发展支持系统建设、改进学校管理与尝试新型教育督导系统、实施项目监测评估并建立教育管理信息系统（EMIS）、促进教育公平和制度发展。该项目在云南省持续实施了五年，本书对其进行了调查统计分析，所得数据如表 7-6 所示。

表 7-6　SBEP 项目县教学资源分布　　　　　　　　　　单位：%

教学资源	小学	中学
幻灯机或投影仪	35.7	60.9
录像机	7.0	12.6
DVD	61.3	74.7
电视机	80.2	86.2
配发教具	49.0	67.8
自制教具	41.8	46.0
计算机	55.7	80.5
互联网	9.2	33.3
图书馆或浏览室	29.0	56.3
什么都没有	8.6	1.1

从表 7-6 可知，这些项目学校教育信息化基础设施普及的情况依次是电视机、DVD、计算机。此外，调查还发现不同规模的学校资源配置存有较大差异，具体情况如表 7-7 所示。

表 7-7　SBEP 项目学校（规模）与教学资源分布关系表　　　　单位：%

类别	学校规模（小学）			学校规模（中学）		
	小规模	中等规模	大规模	小规模	中等规模	大规模
幻灯或投影仪	21.8	33.8	44.2	22.2	66.7	60.7
录像机	4.6	7.7	7.5	11.1	11.1	14.3
DVD	39.1	61.5	73.3	66.7	73.3	75.0
电视机	62.1	80.0	92.5	88.9	84.4	85.7
配发教具	34.5	50.8	57.5	66.7	68.9	60.7
自制教具	39.1	37.7	45.8	66.7	42.2	39.3
计算机	25.3	55.4	76.7	55.6	80.0	85.7
互联网	1.1	6.9	17.5	11.1	28.9	42.9
图书馆或浏览室	12.6	23.8	40.8	33.3	57.8	57.1
什么都没有	21.8	7.7	1.7	0.0	0.0	3.6

由表 7-7 统计数据可以看出，小学资源配置（电视机、DVD、计算机），大规模和中等规模的学校资源配置明显较小规模学校好；中学资源配置（电视机、DVD），大规模、中等规模和小规模学校配置比率基本平衡，相差不大；而计算机资源的配置，大规模和中等规模的学校资源配置明显较小规模学校好。小学中小规模学校任何资源都没有的比例为 21.8%，基本符合实际情况。

　　此外，调查发现学校所处的地理位置与设备配置存有关系，具体如表 7-8 所示。

表 7-8　SBEP 项目学校地理位置与教学资源分布关系表　　　单位：%

教学资源		地理位置（小学）				地理位置（中学）			
		0～4.9 千米	5～9.9 千米	10～14.9 千米	15 千米以上	0～4.9 千米	5～9.9 千米	10～14.9 千米	15 千米以上
幻灯机或投影仪	有	49.2	20.0	10.3	35.7	61.0	60.0	0	75.0
录像机	有	10.6	5.3	0.0	2.4	13.0	20.0	0.0	0.0
DVD	有	66.5	61.1	48.7	50.0	76.6	60.0	100.0	50.0
电视机	有	81.6	82.1	79.5	71.4	87.0	80.0	100.0	75.0
配发教具	有	55.9	41.1	33.3	52.4	64.9	80.0	100.0	100.0
自制教具	有	44.1	37.9	41.0	42.9	44.2	60.0	100.0	50.0
计算机	有	60.3	56.8	48.7	40.5	81.8	80.0	100.0	50.0
互联网	有	16.2	1.1	2.6	2.4	33.8	20.0	100.0	25.0
图书馆或浏览室	有	37.4	23.2	7.7	23.8	58.4	40.0	0.0	50.0
什么都没有		8.4	6.3	10.3	11.9	1.3	0.0	0.0	0.0

　　从表 7-8 可以看出，小学资源配置与学校所处地理位置相关：距离乡镇 0～4.9 千米的小学，资源配置比较优先；距离乡镇 0～4.9 千米的小学，教学资源配置比率由高到底依次是电视机、DVD、配发的教具；距离乡镇 15 千米以上的小学，什么资源设备都没有的比例最高。而对于中学，资源配置与学校所处地理位置之间的关系则不是很大。此外，笔者还根据校长问卷、教师问卷统计所得，绘制出了学校教学资源与学校规模之间的散点比较图。通过图 7-4 可以明显看出：在基线时，资源的分布主要是在规模大的学校，"公平曲线"很陡（$R^2 = 0.291$）；随着项目的进行，在教师、校长和管理者中相应开展了教育公平的培训，从中期到完工阶段的调查统计数据可以看到，"公平曲线"发生了变化，资源的分布逐步关注到了小规模的学校（$R^2 = 0.11$，$R^2 = 0.099$）。该调查所得从另一个角度证实了教育公平培训所带来的变化。

　　除上述教育信息化基础设备情况调查外，本书还对这些项目学校中的教学资源的使用情况进行了调查，调查所得如表 7-9 和表 7-10 所示。

　　从表 7-9 和表 7-10 中可以看出，相当一部分学校拥有较为完善的教学设备和资源，但教师并没有能充分利用这些资源来改善教学，促进学生的发展，造成了资源的浪费。比如，语文课和数学课教师上课时使用较多的教学资源是配

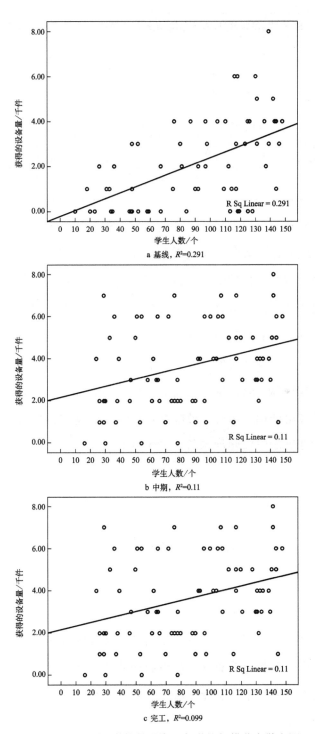

图 7-4　SBEP 项目学校教学资源与学校规模分布散点图

表 7-9　SBEP 项目学校小学任课教师上课使用教学频率情况统计表　　　单位：%

学科	幻灯机或投影仪	录像机	DVD	电视机	配发教具	自制教具	计算机	网络资源
语文	13.8	3.8	14.5	19.0	45.7	73.1	7.2	15.9
数学	15.6	4.1	14.4	16.5	54.1	78	11.7	9.5

表 7-10　SBE 项目学校中学任课教师上课使用教学频率情况统计表　　　单位：%

学科	幻灯机或投影仪	录像机	DVD	电视机	配发教具	自制教具	计算机	网络资源
语文	18.4	5.1	17.7	19.0	35.4	54.4	12.7	15.2
数学	24.3	1.4	10.1	10.8	56.8	73.6	14.9	10.1

发教具和自制教具。为什么教师上课的时候仅仅使用配发教具和自制教具？通过访谈发现，农村远程教育工程使得中学及乡镇中心完全小学可以从国家专门的天网上获取教育资源，教师也可以上互联网查找资料，但许多学校除专门的电教老师会操作这些设备以外，多数教师不会使用也缺乏使用的意识。在这些学校，可以看到上网的电脑由于长期不用，上面已经落满了灰尘。此外，还有另一个原因，由于学校拥有的教学资源和设备数量不多，学校领导和教师都对有限的资源比较珍惜，因此这些设备和资源只有在领导检查评估时使用，平时不轻易让教师借出使用。另外，教师并没有认识到这些设备对教学效果的促进作用，也没有掌握使用这些教学设备的方法和技术，因此在日常的教学中他们宁可不使用这些设备。

第三节　经验启示

基于云南省教育信息化的若干案例调查所得，并结合其他民族地区教育信息化相关研究材料，笔者认为我国民族教育信息化建设中存有某些共性问题。这些共性问题在民族教育信息化的后续推进中必须得到关注。此外，借鉴生态学的知识分析教育信息系统进化的必要手段——教育信息化问题，将是一个不可多得的视角。

一、共性问题

综合现有研究成果，我国民族教育信息化进程中普遍存有如下三个需要关注的共性问题。

第一，资金投入问题。资金是民族教育信息化建设的基本条件。我国民族地区大多地处经济基础薄弱、教育发展滞后、自然灾害频繁的西部地区，教育的投入远不能满足教育发展的需要。当地的教育信息化建设迫切需要资金投入，用以加强信息网络建设和管理、培养具有较高信息技术素养的复合型师资队伍，加大信息技术在教育信息化中的应用广度和深度，加快教育信息化建设。然而，从目前教育信息化资金投入比重来看，我国东中西部却处于严重的不平衡状态。教育经费分配方面，东中西部所占总经费的比重分偏差很大，尤其是社会团体和个人办学经费，东中西部所占比例更不平衡。发展至今，虽然很多民族地区教育部门在信息化建设方面作了很大努力，始终将硬件建设置于软件建设优先地位，但这与东部发达地区教育信息化建设中的硬件水平相比，还是有很大的差距的。区域发展不平衡，特别是城乡之间的发展不平衡非常明显。民族地区信息技术教育的设备资源与发达地区相比，依旧存在着巨大差距。

从云南省实地调查所得及其他民族地区研究成果来看，我国民族地区教育信息化建设的资金缺口是巨大的。资金短缺，一方面教育信息化设备、资源不足，使得教育信息化进度严重迟缓；另一方面，经费不足还影响了当地教育信息化资源中心的建设和教师的培训。笔者认为，民族教育信息化后期建设如若不重视此问题，不着力拓宽资金来源渠道，加大经费投入，民族教育信息化发展目标最终只会成为纸上谈兵。

第二，人才培养问题。从调查结果看，我国民族地区教育信息化建设过程中，普遍缺乏ICT技术人员及管理人员。最明显的表现是，目前教育者运用和维护设备能力差，常常导致设备不能正常使用、故障率居高不下，严重影响了民族教育信息化资源的深层次应用。此外，民族地区教师队伍年龄结构偏大、接受新事物愿望不迫切、使用新技术的自觉性不够的问题也较为突出。当然，这一方面与教师年龄偏大、存在定式思维相关；另一方面，也与民族地区学校的教师负担普遍过重存有密切联系。在很多民族地区，当地政府中心工作、社会工作都需要教师配合，教学点上的教师普遍处于超负荷工作状态。紧张的节奏、过重的心理负担，使得这些教师根本没法专心投入精力和时间学习和提高业务素质。加之，地处边疆的少数民族地区信息化建设多缺乏专家的指导和引领，其信息化应用水平也就可想而知了。

立足上述实情，我国民族教育信息化迫切需要人才注入。近年来，国家为了均衡东西部的发展，2004 年之后开始实施"大学生志愿服务西部计划""三支一服""大学生进村进社区""教师特设岗位"等政策，使得一部分大学生走向了基层、走向了农村。[1] 但从调查结果看，这些师资一方面数量少，对民族地区师资短缺问题来说，填补的空缺微乎其微，民族地区依旧需要大量的专业人才参与到信息化建设中来；另一方面，这些进入民族地区的师资与当地教育需求之间仍存有一定差距。很多教师都存有走过场、完成任务的心态，并未能真正投身于民族教育信息化建设中。此外，我国教育人才培养模式简单化、严重脱离实际需求的问题，在这些学生身上也有所体现，在某种程度上，存有教育与经济建设脱节、教育无助于西部经济发展的问题。立足民族地区地处西部偏远地区、信息化建设师资缺口较大的现实，笔者认为，人才培养问题在后期建设中必须予以关注和解决。

第三，可持续发展建设的问题。民族教育信息化发生于民族地区、服务于民族地区，必须以当地的社会经济、文化条件为前提并最终服务于此。然而，综合云南省及其他省（市）教育信息化调查结果来看，我国民族教育信息化前期建设的适用性亟待改进。民族教育信息化不适应当地社会经济文化需求，一方面表现在硬件设施建设资金投入的盲目性上。总的来讲，我国民族地区硬件设施建设处于滞后状态，但其中也不乏优越者。比如，经地震后重建的四川省汶川地区诸多民族学校，学校教育信息化基础设施条件极为优越，甚至超过了发达地区的某些学校。这本来是一件好事，然而，令人揪心的是：如今这些投

---

① 张军玲．西部地区教育信息化建设存在的问题分析．电子商务，2010，(9)：92-93.

入巨额资金的教育信息化设备却或因教师信息素养不符合要求而被闲置，或因学校难以承担设备正常运行所需的耗电经费而被束之高阁。虽然此种案例不具有普遍性，但可以反映出我国民族教育信息化建设依旧存有盲目性的现实。此外，民族教育信息化不适应当地社会经济文化需求还表现在资源建设方面。民族地区农村中小学大多处于边远山区，由于受外界影响较少，这些地区大多经济条件不好、民族文化保留较纯正。长期以来，学校教育需要直面的两个问题就是学生学习中的语言障碍和民族文化差异。基于此，在建设民族地区基础教育资源的过程中，在可能的情况下，需要考虑其民族宗教信仰的特殊性，尽量避免文化冲突。然而，我国民族教育信息化建设前期基本无任何语言、文化之别。至今，基于民族地区农村中小学学生语言障碍现实开发的教育资源仍旧甚少。即使在西北民族地区，民族成分相对单一、居住较为集中，教育资源的翻译、推广具有一定的可操作性，其民族语化的农村基础教育信息化资源尚且为数不多。在民族杂居的西南地区，各民族多为小语种民族，语言背景复杂。在这样的情况下，农村中小学拥有民族语教育资源更是奢谈。综观目前基础教育信息化资源现状，文化取向单一、以主流文化为准，能体现民族文化差异性的空间甚窄，这一特点也极为突出。在文化排斥性客观存在的情况下，这样的资源在民族地区农村中小学受到师生欢迎的可能性甚少。[1] 上述民族教育信息化硬件、软件建设过程中出现的问题，实质体现的是建设的可持续缺乏的现实。为了扭转此种局面，我国民族教育信息化的后期推进在思路上必须有所转变，唯此，方能实现最终发展目标。

二、对策探寻

民族教育信息化因特殊性的存在而使得其在推进过程中难免出现"插曲"。然而，笔者认为，民族教育信息化再特殊也无法脱离教育信息化的总体框架。

---

[1]　梅英，李红军．略论民族地区农村基础教育信息化建设的资源选择机制．昆明学院学报，2012，(3)：79-82.

如若能从教育信息化的实质着眼对其推进问题予以思考，应该能得到些许启示。事实上，教育信息系统化作为一个由人、信息、教育信息环境（系统内部环境）构成的系统，其发展可以从生态学中得到借鉴和支持。有学者曾从教育信息系统和教育信息生态演进的视角来研究过教育信息化的特征，为我们深刻把握其基本内涵及建设提供了新的视角和启示。具体而言，其结论包括如下四个方面：①教育信息化的主要任务是"教育系统"的"信息化"，而信息化的本质不在于信息化本身而在于优化。因此，教育信息化的终极任务是促进演进中的教育信息系统不断优化。②教育信息系统是通过教育信息化建设来推动"人"与"教育信息环境"等要素之间矛盾的不断调和进而推动系统演化的，教育信息系统的矛盾在实践上必然表现为教育信息化建设所面临的任务。因此，教育信息化实质是系统性与矛盾性。③教育信息化的建设作为推动教育信息系统演化进程的必要措施，必然以人及其发展为最终目的。因此，教育信息化的目的在于人本性和价值性。④教育信息系统在演变过程中，人与教育信息环境之间的生态互动关系处于主导地位，这种关系从单向支配到生态互动，再到反向支配最终逐渐形成协同进化观。因此，教育信息化具有动态平衡性和演替性。① 总而言之，教育信息化建设旨在推动教育信息系统演进，而生态性是教育信息系统演进过程的基本特征及最终追求目标与发展趋势所在。因此，教育信息化建设必须体现出生态性的基本特征，力图解决在教育信息系统演进发展的过程中，人与教育信息环境在使用"教育信息"时所发生的各种矛盾。基于此，教育信息化建设可采取如下策略：①以信息思维与信息科学的方法为指导，善于在信息思维的指导下利用信息科学方法去解决我们所遇到的问题。②以系统工程方法为主要建设手段，将其用于直接分析解决教育信息化建设中"人"与"信息环境"的矛盾关系这个主要研究对象。③以人文主义管理与制度法规为主要激励措施，把人本主义管理观念引入教育信息化建设进程之中，争取把个体发展与工作目标及系统组织整体目标相结合，为个人营造广阔的发展空间。④以生态（平衡）

---

① 朱永海. 从教育信息生态系统演进透视教育信息化建设策略. 中国远程教育，2009，（2）：16-21.

发展为基本形式,关注教育信息生态系统的结构性平衡和过程性变化。把握教育信息化建设的规律,掌握教育信息系统平衡状态条件与特征,使之逐渐趋向于稳定的平衡状态。①

从生态学看,教育信息系统化是一个复杂、动态的系统,其发展遵循从无组织到有组织、从无序到有序、从低级有序走向高级有序的进化机制。结合教育信息化的发展历史,我们可以看出:教育信息化系统是一个复杂、开放的系统,其通过不断与外界环境进行物质、能量和信息交流,从而获取到自组织演化过程所必需的负熵流,规定着教育信息化演化的内容、性质和基本方向;教育信息化系统内部诸子系统之间存在着非线形相互作用,当外界控制参量足够大时,系统将处于远离平衡状态,通过竞争、协同和涨落产生稳定有序结构,成为进化的内在源泉。② 基于此,民族教育信息化发展过程中遇到的诸多"插曲"和瓶颈,从某种角度讲是可以从"自组织"理论得到启示的。②

首先,转化的必然性。目前,我国民族教育信息化发展焦点在于创新与变革,应用能力建设相对而言处于创新扩散相对缓慢的阶段。从生态学上讲,这是从传统的"他组织"向"自组织"转变的过渡期。换言之,教育信息化系统实现从"他组织"到"自组织"的转变是一种必然。当前所处的过渡期,必将伴随着混沌无序状态,即"熵增"现象。其可能表现为,使用效率、应用效果及投资效益与人们的预期相比存在着较大的差异;教育信息化出现一些经典化、艺术化、应试化、封闭化、媒体化的趋势;等等②。基于此,在我国民族教育信息化后期推进中,技术上进步与升级固然重要,但更重要的是观念上的转变。唯有实现了观念转变,教育信息化才会实现从低级到高级、无序到有序、无组织到有组织的转变。一旦我国民族教育信息系统加大系统开放、引入负熵、倡导非线性机制,系统必将进入远离平衡的状态。进入该状态后,系统将通过

---

① 朱永海.从教育信息生态系统演进透视教育信息化建设策略.中国远程教育,2009,(2):16-21.

② 李新晖,陈梅兰,蒋家博.教育信息化自组织现象分析.中国电化教育,2010,(4):16-20.

"涨落"①，民族教育信息化水平进入一个更高的层次。②

其次，主体的重要性。教育信息化系统就其本质而言是一个人造系统，必须对该自组织系统中的关键要素——人予以充分强调。换言之，民族教育信息化进程中，先进的技术并不能成为主角，主角应该是有开放教育理念的教育者、受教育者。只有充分建立"以人为本"的机制，让"人"在民族教育信息化实践中不断创新，才有可能产生巨涨落①，教育信息化系统也才有可能形成新的耗散结构，从而进化形成更加开放、有序、远离平衡的新系统。

最后，竞争协同机制的作用。根据自组织理论，系统的演化发展是在与环境的交换、相互影响中实现的，是一个以竞争求协同、在协同中存竞争的进程。当然，此处所谓的竞争与协同，既涉及教育信息化系统与环境的竞争与协同，也囊括了教育信息化系统内部的各个子系统之间的竞争与协同。这种竞争与协同，体现了可持续发展的思想。② 因此，我国民族教育信息化的后续推进不能单方面强调地区之间、学校之间、部门之间的协同，也需要将竞争机制引入其中并有所作为。唯此，教育信息化系统才会在"平衡—不平衡—平衡"过程中得以进化。

总而言之，从系统自组织化的视角来思考民族教育信息化发展问题，可以让我们有一个比较清晰的认识。民族教育信息化系统从"他组织"走向"自组织"是一个必然的过程，目前它正处于相对缓慢和集中反思的平原期。该时期是民族教育信息化走向深入的关键期。在后续推进中，只有让民族教育信息化系统保持开放、远离平衡态并引入竞争与协同机制，才能使民族教育信息化系统得到不断优化和可持续发展。②民族教育信息化发展之路艰难而漫长，它如何才能在挑战与机遇并存的今天顺势而为，许多难题依旧有待解决。

---

① 在一个由大量子系统组成的系统中，涨落即系统可测的宏观量对统计平均效应的偏差。耗散结构理论中，在临界点附近，当小的涨落被不稳定的系统放大时就会成为巨涨落，引起系统整体进入新的有序态。

② 李新晖，陈梅兰，蒋家傅.教育信息化自组织现象分析.中国电化教育，2010，(4)：16-20.

第八章

民族教育信息化研究未来展望

民族教育包括民族地区的学校教育，而且在现阶段条件下民族教育信息化建设以此为主要任务；然而，民族教育却不仅指民族地区的学校教育，家庭教育、社会教育等非学校教育也是其必不可少的构成部分。这便是说，民族教育信息化建设一旦条件成熟，必将也必须跨越学校的围墙，民族教育信息化研究领域也必定将有所扩展。笔者认为，民族教育信息化未来研究领域可能在如下四个方面得以拓展。

第一节　资源可视化研究

信息资源可视化（information visualization）是指在计算机、网络通信技术的支持下，对大量信息及信息间关系进行抽象后，借助一定的图形化方式加以表现，揭示出隐藏在其中的模式和规律，以便让用户掌握更加有效、直观地与信息进行交互的理论、技术与方法。可视化是这样一个过程，它将信息资源转化为一种视觉形式，充分利用人们对可视模式快速识别的自然能力去进行观测、浏览、判别和理解。在此过程中，人们利用计算机系统从屏幕上观察交互图形、图像，并通过可视模型处理信息。作为一种崭新的方法，可视化为广大用户直观、方便地获取所需信息提供了有效途径。信息可视化的关键是将数据用有意义的图形表示出来，目标是显示出文献表示的一个抽象信息空间。① 在民族教育数据资源集成的基础上构建方便、易用的数据应用环境，并用可视化的形式展现出来，能为科研人员提供数据和模型相结合的分析框架、满足其更高层次的需求。目前，国际上已对信息可视化进行了广泛而深入的专题研究并取得了一些重要进展。我国在 20 世纪 80 年代开始科学计算可视化技术研究与应用，至 90 年代初取得了较大发展。至今，我国不论在算法方面，还是在油气勘探、气象、计算力学、GIS 和医学等领域的应用方面，都已取得了一批可喜的成果。② 从信息化发展趋势看，民族教育资源可视化研究必将成为未来民族教育信息化研究的重点领域之一。

信息资源可视化的目的在于使信息具有直观形象性、多源数据的采集和集成性、交互探讨性、信息动态性和信息载体的多样性。使信息的展示直观形象，能够采集和集成多源数据，支持用户与数据交互查询分析、信息的动态表现和信息载体的多样性①。根据信息资源的分类，其可视化研究大致可分为图形、文本、声音三类信息可视化探索，此中又涉及文本、声音、视频三种具体构成要素可视化技术研究。具体而言，文献信息管理可视化涉及三大模块——文献信息描述与组织的可视化、文献检索操作的可视化和文献检索结果提供的可视化。②语音信息可视化过程涉及六大步骤，即基于具体的汉语语音资源采样及建库、播放语音信息资源及实施语音音素分割、对照已建立的语音音素库进行语音识别、将汉字文本（汉字编码）信息存储为文本文件、对已转化为文本的语音信息进行特征抽取并规范化、内容特征的可视化。②视频信息可视化主要涉及如下主要研究内容——视频库的建立、知识库的生成、特征的抽取及特征库的建立、索引库的生成。总的来看，各类信息资源可视化都需要图符库、词库、特征库、索引库的支持；其过程大致都可划分为结构化、显示空间化、人机交互界面三个阶段；其可视化方案可分为三个分支，即由描述信息资源内容特征的图符、高维空间描述彩条图、特征索引和相应的数据压缩方法构成。②

---

① 殷利艳. 信息资源可视化研究初探. 唐山师范学院学报，2009，(2)：156-157.
② 周宁. 信息资源描述与存储的可视化研究. 情报科学，2004，22 (1)：9-12, 18.

总体观之，信息资源可视化研究目前正处于发展期，它的方法技术日臻成熟，用途也正在逐渐扩展。① 与信息资源可视化相关的研究目前正处于发展上升期，可视化所用的方法和技术手段日渐成熟，其用途也在不断扩大。但如何发挥其在民族教育中的作用，将民族教育资源可视化纵深推进仍是一个值得探索和研究的问题。因此，民族教育信息化必须综合利用各个领域的新技术，对教育信息资源可视化进行深入研究，从而为用户提供利用信息、精炼知识、解决问题的良好环境。毋庸置疑的是，未来的民族教育中，如何以信息网格为基础并利用知识可视化技术和远程技术实现资源共享最大化②，是一个值得研究也必须研究的领域。

第二节　协作共享平台建设研究

"信息资源共享"的概念是从"资源共享"的概念发展而来的。20 世纪 70 年代，美国图书馆首先借用"资源共享"的概念，提出了"图书馆的资源共享"。他们认为，资源共享最确切的含义是互惠，开展资源共享的唯一途径是拥有可供共享的资源，并具有共享资源的意愿和实施资源共享的计划。否则，资源共享就是一个空洞无物的概念。③ 此后，伴随着 20 世纪 90 年代以来信息技术和互联网技术的发展，国内外的学者对信息资源共享及其相关问题开展了大量的理论研究与具体实践③，如今，已在此方面取得了一定成果。就民族教育资源协作共享平台建设而言，中国科学院计算机网络信息中心在基于 e-Science 的协作平台上，通过已成熟的技术与民族教育信息资源知识服务有机集成在一起，让大众、科研人员有效、方便、快捷地进行信息检索和知识服务。从本质上讲，此项工作旨在为民族研究构建一个更高层次的协作共享环境。虽然从目前情况

---

① 周宁. 信息资源描述与存储的可视化研究. 情报科学，2004，22（1）：9-12，18.
② 殷利艳. 信息资源可视化研究初探. 唐山师范学院学报，2009，（2）：156-157.
③ 叶月明. 信息资源共享研究. 复旦大学硕士学位论文，2010.

来看，国内较为成熟的只有中国科学院一家，但在不久的将来，此研究必将成为民族教育信息化研究的重点领域之一。

民族教育资源协同共享平台主要包括两个部分——公共部分、特定资源及应用集成部分。公共部分结合科研应用、基于面向服务架构实现资源集成，可以将各种分布异构的资源封装为具有统一接口的服务组件、将科研应用中的特定功能和用户接口连接起来，使它们构成 e-Science 应用中可插拔的组件，保证 e-Science 应用的可定制性和可扩展性，简化 e-Science 应用的构建，使得它们在长时间的运行过程中更加具有可扩展性、可重用性、可管理性和可维护性。特定资源和应用集成部分则结合民族教育信息资源服务平台的建设目标，以服务用户为宗旨，设计和开发适合用户检索、处理、分析、服务需求的工具，将相关工具有序地组织和集成到民族教育信息资源服务平台中。其中，作为核心构成的公共部分主要包括如下六个模块：①虚拟工作台。虚拟工作台是用户在网络化的科研环境中主要的工作环境和使用界面，其主要功能是为用户提供统一的入口，支持用户以个性化的方式组织管理资源、使用资源，提供灵活的工具集成，提供方便、易用的界面。[1] ②数据集成与共享工具。数据集成与共享工具为虚拟科研平台中的计算与数据分析工具提供统一数据接口。③学科文献检索与交流工具。根据科研人员要求，对学科领域中特定范围的文献提供垂直搜索服务，能够将搜索结果以多种方式灵活推送到用户桌面；科研人员可以将自己撰写或已发表的论文加入搜索范围中，便于合作伙伴之间交流和共同写作。④协作工具集。协作工具集包括一些基于互联网的通用工具，根据科研习惯和要求进行定制和裁剪，并友好地集成到科研平台。可用于协作的主要工具包括文档协同工具、虚拟组织管理工具、活动组织工具、即时消息和手机短信工具、VOIP[2] 工具、视频会议工具等。⑤用户管理方式。由于科研协同环境需要各个资源节点协同工作，共同完成科研任务。当跨越多个资源点之间时，一定会要

---

① 南凯，董科军，谢建军，等．面向云服务的科研协同平台研究．华中科技大学学报（自然科学版），2010，38（1）：14-19.

② VOIP 指网络电话，Voice over Internet Protocol。

求用户拥有统一的身份标志，方便资源点对用户访问进行控制。针对这种情况，建立一个集中式用户管理工具。该工具以群组的方式组织和管理用户信息，并提供单点登录服务。⑥信息发布与协作工具。信息发布与协作工具是一种面向组用户的协作式写作、文档共享和管理工具，支持虚拟组织成员之间便捷、高效地共享和协同开发各类数字化文档，它是一个项目组或工作组成员之间完成文档协同开发的重要工具，用于实现项目申请、项目进度、项目总结等文档的协同撰写。信息发布与协作工具实现以下功能：以组为中心的协作平台、实现组用户的协作式文档写作、实现组用户的文档共享、基于搜索的文档定位方法。

整合教育资源以使其使用效益最大化，将成为我国民族教育信息化发展的重要驱动力；构建协作共享平台，将促成教育管理、公共服务、公众参与新模式的形成。随着我国民族教育信息化的后期推进，其核心任务将发生本质性的变化。后期我国民族教育信息化建设重心将从初期的个体硬软件资源、信息资源建设转向信息资源整合，从单部门应用迈向跨部门协同，从重视局部效应转向重视全局效应。① 然而，信息资源共建共享目标的实现绝非易事，其间涉及建设方式、技术规范、保障措施等一系列问题。要想实现信息资源共建共享，必须建立专门的权威机构来促进信息资源共建共享协调合作；通过公平的成本分担制度来激励信息资源共建共享的协调合作；成员间要加强信息沟通，避免因错误的策略选择而形成安全策略均衡。总而言之，只有基于有效的信息沟通机制、合理的成本分摊机制、高效的管理协调机制，才能抓住信息资源共建共享中重复建设问题的本质，达到信息资源共建共享工作的理想均衡状态。②

①　叶月明.信息资源共享研究.复旦大学硕士学位论文，2010.
②　孙瑞英.基于博弈分析的信息资源共建共享的协作机制研究.情报杂志，2009，28（3）：179-183.

第三节　特色资源数据库建设研究

由于地理环境、经济文化等原因，我国少数民族地区民族教育信息资源建设的总体水平明显落后于东南部沿海发达地区，民族地区之间发展也不平衡。然而，在此期间，各民族地区各图书馆坚持结合鲜明的地区特色和民族特色发展特色藏书，并逐步建立了独具特色的少数民族文献收藏体系之举却是值得肯定的。[①] 如今，这些独具特色的资源数据库已发展成为我国少数民族教育信息资源建设的中坚力量。

在众多的民族地区图书馆中，民族高等院校图书馆的工作尤为出色。例如，新疆大学图书馆共收集现代版新疆少数民族文种（维吾尔文、哈萨克文、柯尔克孜文、乌孜别克文、蒙古文等）文献 15 000 余种 16 万余册；古籍文献 31.1 万册，其中明、清善本书 800 余种，近 14 000 册；民国书刊 6 万册；新疆地方文献 8000 余册。其中尤以《资治通鉴》（元刻明递修本）、《新西域记》、《清实录》、《刘锦棠奏稿》原件（刘锦棠为清朝第一任新疆巡抚）等汉文古代文献和《突厥语大词典》《福乐智慧》等少数民族古代文献，以及波斯文、阿拉伯文、察合台文、回鹘文、蒙古文等古代少数民族文种手抄本为特藏。[②] 目前，新疆大学图书馆纸张载体文献资源总量已达 200 余万册，中外文电子文献数据库 40 余种，初步形成了具有一定规模的民族地方文献藏书体系，为保存我国西部民族和新疆地区的历史、文化，为世界民族学和人类文明史的研究作出了贡献。[①] 再如，贵州民族学院图书馆。该图书馆长期坚持特色资源建设和特色服务的发展思路，收集了大量贵州世居民族文献、贵州地方文献资料、傩文化研究资料、贵州少数民族服饰及图片资料并在民族文化数字化方面占有重要地位。如今，

---

① 胡敏．略论西部少数民族文献信息资源建设现状与对策．康定民族师范高等专科学校学报，2004，(12)：90-93.

② 刘运红．新疆高校留学生图书文献服务现状调查．新疆职业大学学报，2014，22 (4)：72-74.

共收藏有包括贵州水族文献资料、贵州彝族文献资料、贵州各民族文学史、贵州民间文学选粹丛书、贵州少数民族古歌资料、贵州少数民族民间医药资料，以及贵州少数民族地区地方志等贵州世居少数民族的文献资料约5万余册，馆藏特色初步形成。此外，云南民族大学图书馆也在少数民族语言文学、民族学、文化人类学、西南民族史、云南民族史、地方史、民族文化、中国少数民族社会历史调查资料等方面，形成了独具特色的民族教育资源数据库；四川大学图书馆建设了巴蜀文化特色库，全面覆盖巴蜀（四川和重庆）的地方历史、文化相关的文献资源；西南民族大学图书馆建设了康区藏族文献数据库、羌族研究文献数据库、藏族信息资源数据库、彝族研究文献数据库和摩梭文献等。

除民族高等院校图书馆重视建立少数民族文献资源藏书体系外，民族地区也同样十分重视对民族文献的整理加工。多年来，这些图书馆充分利用现有的文献资源，组织人力开发出具有民族地区特色的再生文献，在保存珍贵文献资源的同时提高了文献的利用率，为民族教育提供了信息服务。比如，云南省图书馆编著出版了《云南地方文献概说》《云南地方志述评》《历代宦滇督抚生平概略》等专著，填补了云南省地方文献学术研究、阐理立论方面的空白。① 再如，内蒙古图书馆的蒙古文化艺术资源库，对蒙古族独特的草原文化和艺术魅力进行了展示；云南大理白族自治州图书馆建立了特色数据库，对南诏大理文献资料室、大理人文、大理旅游和民族特色四大内容进行了详细介绍；宁夏图书馆建立了特色库资源，对回族及伊斯兰文化、文化娱乐、非物质文化遗产、宁夏地方人文资源、文献资源、西夏文化等进行了介绍；四川省图书馆已经完成并投入使用各种反映少数民族特色的专题数据库，如四川省高校图书馆馆藏西南少数民族文献数据库、四川文化名人库、藏族唐卡数据库、四川省旅游信息数据库、绵竹年画数据库、西部少数民族历史文化资料库②。随着互联网技术的广泛应用，文献信息资源共享由原来局部的纸质文献共享走向现代化网络共

---

① 云南省文化厅．云南省图书馆．http：//www.whyn.gov.cn/culture/view/609.
② 陈曼．我国省级公共图书馆地方特色资源数据库建设及发展研究．云南大学硕士学位论文，2013.

享，文献资源数字化成为信息社会发展的必然趋势。进入 21 世纪后，社会更需要具体、独特的应用信息和经过加工、整理、分析而成的特色数据信息。民族地区日益认识到只有加强特色数据库的建设、加速民族教育资源数字化进程，才能在竞争激烈的信息社会中充分发挥出民族资源的特色和优势，并迈出建设的步伐。[①]

上述态势表明，民族特色资源数据库建设必将是民族教育信息化未来的主要工作之一。因此，对民族特色资源数据库建设问题进行研究也随之成了必然之事。研究的内容包括如下四个方面：①民族特色资源获取、采集方法研究；②民族特色资源存储、管理机制研究；③异构民族特色资源融合关键技术研究；④民族特色资源检索技术研究。

第四节　文化资源产业化研究

如今，"文化经济"已经成为全球共同关注的话题，各国纷纷开发自身特色文化资源以求提升各国文化竞争力。总体观之，文化因素已深深融入经济发展之中，诸多经济活动和物质产品都包含着文化因素和文化内涵，而且经济借助文化的力量急剧扩张，成为当代社会生产力的原发性因素和经济增长的基本推动力量。此种"文化经济"现象，揭示了当今时代文化形态和经济形态彼此交融、日益渗透、相互依存，逐渐趋于一体化的新趋势和新动向。[②]

"文化经济"发展的主要形态是文化产业的发展，而文化产业发展的核心内容又是文化资源的产业化开发。因此，以文化为支撑深入开发文化资源，加速生产力实现质的提升和大的跨越、产生巨大的经济效益和社会效益，已成为当今时代提升区域竞争力的重要内容。以"人类文明活化石"著称的民族地区，

---

① 胡敏. 略论西部少数民族文献信息资源建设现状与对策. 康定民族师范高等专科学校学报，2004，(12)：90-93.

② 谢名家. "文化经济"历史嬗变与民族复兴的契机. 思想战线，2006，32 (1)：31-38，54.

蕴藏着大量非民族地区无法比拟的文化资源，具有发展文化产业雄厚的物质基础。历史上，我国民族地区域发展格局中，其文化产业发展与文化资源拥有量呈现出明显的不相称现象。后期，人们逐渐意识到对特有民族文化发掘、整理、去粗取精后，可以将其作为一种资源直接参与到现代经济生活中并由此带来效益。如今，民族文化资源开发已经成为民族地区社会经济发展的要途。以民族文化旅游为振兴经济的突破口，已成为西部众多省份的共识，除文化旅游外，以文化进行再创作也是非常重要的文化产业之一。

开发民族文化资源，实现产业化，进而为文化主体谋福祉本是一件好事，然而在发展文化资源之时，面对诸多民族文化在开发过程中丧失了本真，进而迷失了自我的现实，"开发什么""如何开发"成了我们不得不思考的问题。一方面，我们要通过信息化、产业化使民族文化走向大众，达到传承民族文化的目的；另一方面，开发过程中"把关人"信息择取的价值取向、方法却又往往使得民族文化变形异化。基于此，民族文化资源产业化问题研究必将是民族教育信息化未来的主要研究领域之一。

综上所述，随着民族教育信息化进程向纵深推进，其研究领域必将得到进一步拓展。当然，这些研究主题的有效开展需要以合适的研究方法为基础。笔者认为，与其他综合性学科所用的研究方法趋向一致，未来的民族教育信息化研究方法也将日趋多样、综合化。具体而言，从质与量的角度看，定性方法与定量方法将趋向统一；从实证与思辨的角度，将从思辨走向实证方法，开始运用数据测量与统计分析等；从宏观与微观的角度，将在宏观一般性的教育科学研究规律指导下，根据研究情形而运用具体研究方法。[①] 我们有理由相信，民族教育信息化研究将受到学界新的关注！

---

① 祝智庭.教育技术研究国际动态透视.电化教育研究，2010，(8)：28-34.

参 考 文 献

艾伦·C.奥恩斯坦.2002.课程:基础、原理和问题.柯森译.南京:江苏教育出版社.

费孝通.2003.中华民族多元一体格局.北京:中央民族大学出版社.

甘健侯.2011.本体方法及其应用.北京:科学出版社.

高万能,等.2005.论民族文化的内涵与创新.民族文化理论与实践(上).北京:民族出版社.

龚浩.2010.西南地区民族中学校园网内容建设及影响因素研究.西南大学硕士学位论文.

何琼.2004.西部民族文化研究.北京:民族出版社.

何向东.2008.中国西部人文:文化资源与素质教育.北京:中国人民大学出版社.

贺希格吉雅.2006.内蒙古地区民族基础教育面临的挑战及应对措施.内蒙古师范大学硕士学位论文.

孔凡士.2008.教育信息化资源开发与利用.北京:科学出版社.

李辉.2008.现代信息技术条件下中小学教师培训模式研究.长春:东北师范大学出版社.

李心峰.1998.艺术类型学.北京:文化艺术出版社.

梁广寒.2004.中国记忆工程文献遗产整合研究.武汉大学博士学位论文.

刘畅.2008.青、甘、新三省农远工程教育资源建设现状调研及对策分析.辽宁师范大学硕士学位论文.

刘茂才.1985.科学学词典.成都:四川省社会科学院出版社.

罗江华.2008.教育资源数字化的价值取向研究.西南大学博士学位论文.

马德四.2007.教育信息化本质研究:教育学视角.华东师范大学博士学位论文.

梅英.2013.佤族木鼓文化的源起与传承.北京:科学出版社.

孟庆军.2004.内蒙古地区民族教育信息化发展研究.东北师范大学硕士学位论文.

普丽春.2010.少数民族非物质文化遗产教育传承研究——以云南为例.北京：民族出版社.

孙杰远.2009.人类学视野下的教育自觉.桂林：广西师范大学出版社.

覃京燕.2006.文化遗产保护中的信息可视化设计方法研究.清华大学博士学位论文.

王文章.2010.非物质文化遗产概论.北京：文化艺术出版社.

王锡宏.1998.中国边境民族教育.北京：中央民族学院出版社.

王耀希.2009.民族文化遗产数字化.北京：人民出版社.

吴德刚.2011.中国民族教育研究.北京：教育科学出版社.

张岱年.1989.中国传统文化简论.杭州：浙江人民出版社.

张念宏.1999.中国教育百科全书.北京：海洋出版社.

周迎春.2008.面向民族地区的多媒体网络教学管理系统.电子科技大学硕士学位论文.

Davenport T H，Prusak L. 1997. Information Ecology-Mastering the Information and Knowledge Environment. Oxford：Oxford University Press.

后　记

　　以"民族教育信息化概论"为题并进行系统研究的意愿，发端于笔者工作中存有的困境。笔者就职于民族教育信息化教育部重点实验室（以云南师范大学为依托），自 2010 年 7 月经教育部批准开始筹建工作以来，一直致力于民族教育信息化工作。然而，工作过程中却屡屡困顿于民族教育信息化研究成果不足、难以借鉴的现实。一方面，民族教育信息化因其"民族"特性而难以求同；另一方面，民族教育信息化因其"教育"共性而难以存异。如何统合多学科知识对问题进行系统分析并得出较为妥帖的对策，成了工作推进中现实而迫切的需求。

　　本书展示了对民族教育信息化问题进行系统研究的思路。首先，从民族教育信息化问题所涉及的关键概念辨析入手，并对其发展现状进行客观审视；其次，立足发展现实对其资源建设、环境构建、人才培养三个关键问题进行了研究，并以云南省为具体案例对该问题进行了实证解读；最后，综合现有成果及其发展趋势，对民族教育信息化研究未来发展进行了预测。研究过程中，笔者试图综合文献分析、比较研究、田野考察等研究方法，对民族教育信息化问题进行较为系统的探索。回顾本书，笔者认为该目标已经基本达到。只是由于民族教育时空特殊性客观存在，本书中得到的结论难以具有普适性。在后续的理论研究与实践工作中，笔者将进一步从丰富案例以获知其同质性入手，提升民族教育信息化理论的一般性。

　　科学技术在社会科学领域的融合研究并非新创造。早在西方文艺复兴时期，天才的达·芬奇就以艺术家和科学家的双重身份在跨学科的领域创造了一个又一个令人叹为观止的奇迹。只是随着社会生产和社会分工的发展，专业化的程度加深学科分化，两者渐行渐远。如今，民族教育信息化从某种意义上正试图把最前卫之物与最古老之物结合起来——将信息技术应用于民族文化领域。而笔者开展民族教育信息化研究所做的工作，就是为实现两大领域结合提供理论借鉴。当然，自然科学与社会科学之间存有的差异使得其在结合过程中必然出现困难，然而知识产生于人、服务于人，相信经过求索之后它们必将在人的身上完美地合为一体！

本书得以面世，得益于实验室各位同仁及田野考察工作参与者的辛勤劳动。梅英和解敏参与了全书的修改、校对。第一章和第二章由段从宇修改、校对，第三章由钟维修改、校对，第四章由文斌修改、校对，第五章由袁凌云修改、校对，第六章由段崇江修改、校对，第七章由赵波修改、校对，第八章由解敏修改、校对。笔者在此表示衷心感谢！由于人数众多难以一一提及，唯有表示歉意。此外，笔者已对研究中所参考的书目一一予以标示，如有疏漏，还请各位专家学者批评指正！

徐天伟

2016 年 11 月